NO SEX IN THE CITY ?

CANDACE BUSHNELL

NO SEX
IN THE CITY ?

roman

Traduit de l'anglais (États-Unis)
par Marie Hermet

ALBIN MICHEL

Pour JHC, le meilleur des Nouveaux Jules

1

Sex and the city, et après ?

L'un des grands avantages de la maturité, c'est que, avec le temps, la plupart des gens deviennent un rien plus compréhensifs et bienveillants. La raison, c'est que lorsque vous atteignez la cinquantaine, vous êtes déjà un peu cabossé par la vie. Vous avez appris deux ou trois choses. Par exemple, qu'une existence en apparence idyllique peut être vécue intérieurement comme un cauchemar. Et que vous rencontrerez des revers, même si vous faites tous les efforts possibles pour atteindre la perfection. Mais surtout, vous avez appris que vos certitudes les plus sacrées peuvent très bien, du jour au lendemain, cesser de l'être.

Comme le mariage. Et l'amour. Et même la ville.

Mon histoire d'amour avec New York a commencé à partir en vrille vers l'époque où mon chien est tombé raide mort dans une allée privée près de Washington Square Park. C'est un épagneul qui l'a tué. Pas littéralement, non. En fait, c'était un accident. Mais j'avais l'impression que ce n'était pas une coïncidence : l'après-midi précédant la mort subite du chien, j'avais déjà rencontré l'épagneul tueur, à la banque.

Arc-bouté sur ses pattes, il grondait. Gêné, celui qui le tenait en laisse – un jeune homme d'une vingtaine d'années, dont la tête faisait penser à un petit pain ramolli – s'est accroupi pour le prendre dans ses bras. Le chien en a profité pour lui mordre le doigt.

J'ai secoué la tête. Il y a des gens qui ne sont pas faits pour élever un chien, et ce jeune homme en était un exemple évident.

Le lendemain matin, j'étais debout à sept heures et demie, toute fière de démarrer ma journée si tôt. J'habitais un immeuble avec portier, et il m'arrivait souvent de sortir mon chien sans prendre ni clés ni téléphone, sachant que je serais de retour deux minutes plus tard.

Ce matin-là, quand j'ai tourné le coin de la rue, j'ai aperçu un petit attroupement quelques mètres plus loin : c'était le garçon à l'épagneul.

J'ai changé de trottoir en me félicitant d'avoir évité un danger.

Dans l'allée arborée, mon chien prenait tout son temps. Le garçon et sa bête ont longé le pâté de maisons et traversé la rue. Ils étaient maintenant sur notre trottoir, et d'un seul élan l'épagneul s'est mis à foncer vers nous.

J'ai tout vu arriver en gros plan : le vieux collier de cuir noir tout élimé, le fermoir en métal usé qui reliait le collier à la laisse. Le nuage poussiéreux de particules de cuir au moment où le fermoir a cédé, libérant la bête.

Les muscles du garçon se sont réveillés. Il s'est jeté à la poursuite de son chien et a réussi à l'attraper juste avant qu'il n'atteigne le mien.

J'ai pensé que mon chien était sauf et qu'il ne s'agissait

que d'une escarmouche canine comme tant d'autres. Il y a partout dans cette ville des bêtes qui mordent par peur. Ces incidents-là arrivent en permanence.

En sentant la laisse se relâcher dans ma main, je me suis retournée pour chercher mon chien des yeux. Il m'a fallu une seconde pour le voir : il gisait sur le trottoir, couché sur le côté.

Il tremblait. Au moment où je me penchais au-dessus de lui, ses yeux se sont révulsés et sa langue, sa langue épaisse de grand chien, a glissé sur le côté de sa gueule ouverte.

Tucco, qui portait le nom d'un personnage du film préféré de mon mari, *Le Bon, la Brute et le Truand*, Tucco était mort.

J'étais au bord de la crise de nerfs, mais j'ai pensé qu'il serait contre-productif d'attirer l'attention sur moi. Une petite foule m'a très vite entourée, proposant de l'aide. Personne ne savait quoi faire.

Le chien n'était pas vraiment une miniature : un lévrier d'Ibiza, il faisait soixante-treize centimètres au garrot et pesait bien trente-quatre kilos. À peu près le poids et la taille d'un petit daim.

Je n'étais pas sûre de pouvoir le soulever. Et ce n'était pas le seul problème. Je n'avais rigoureusement aucune idée de ce qu'il convenait de faire. Je n'avais pas mon téléphone sur moi ni mon portefeuille, et mon mari, ce jour-là comme tant d'autres, était en voyage.

Quelqu'un a appelé le cabinet vétérinaire le plus proche et, même s'il était trop tôt pour qu'il soit ouvert, on m'a promis d'envoyer un membre du personnel sur place pour m'accueillir. Comme le cabinet était à plusieurs rues de distance, un passant a arrêté un taxi, un autre a ramassé le corps, et le garçon à l'épagneul tueur a dit :

– Je suis désolé. J'espère que ce n'est pas mon chien qui a tué le vôtre.

Il a fouillé dans sa poche et en a extrait un billet de vingt dollars tout chiffonné, usé et crasseux. Il me l'a fourré dans la main en disant que c'était pour le taxi.

Je suis montée dans la voiture. Le chien mort, encore chaud, a été déposé à côté de moi.

– Faites vite, je vous en prie, ai-je dit au chauffeur.

L'une des choses qu'on apprend en atteignant la cinquantaine, c'est que dans la vie les choses ne se passent pas comme au cinéma. Dans un film, le chauffeur se serait exclamé.

– Oh là là, ma pauvre, votre chien !

Et il aurait démarré sur les chapeaux de roues pour foncer jusqu'au dispensaire pour animaux où les brillants vétérinaires new-yorkais auraient ranimé le chien. Ils l'auraient même sauvé. Mais dans la vraie vie, le chauffeur de taxi ne s'est pas laissé impressionner du tout. Il ne voulait pas d'un chien mort sur la banquette arrière de sa voiture.

– Les chiens ne sont pas autorisés.

– C'est une urgence.

– Pourquoi ? Il est malade ?

– Oui, oui. Il va mourir. S'il vous plaît, monsieur. Il est peut-être déjà mort.

C'était la chose à ne pas dire.

– Il est mort ? Je ne peux pas avoir un chien mort

dans mon taxi. S'il est mort, c'est une ambulance qu'il vous faut, c'est tout.

– Je n'ai pas mon téléphone sur moi ! ai-je hurlé.

Le chauffeur a essayé de me faire sortir du taxi, mais je ne voulais pas bouger, et il ne voulait pas toucher au chien, alors il a fini par céder. Il n'y avait que trois carrefours à traverser sur la Sixième Avenue, mais la circulation était bloquée, les voitures avançaient pare-chocs contre pare-chocs. Il m'a insultée pendant tout le trajet.

Je l'ai écarté de mes pensées en me rappelant que, même si ma situation n'avait rien de drôle, il y avait quelque part dans le monde d'autres femmes qui vivaient des choses bien plus horribles. Et finalement, la mort subite et inattendue de mon chien n'était pas la pire chose qui me soit arrivée ces derniers temps.

L'année précédente, j'avais perdu ma mère. C'était aussi une mort inattendue. Arrivée à la cinquantaine, mon âge aujourd'hui, elle avait suivi un traitement hormonal de substitution. À l'époque, c'était ce qu'on prescrivait aux femmes ménopausées. Le problème, c'était que ces hormones pouvaient provoquer des cancers du sein souvent mortels. Alors, même si personne dans notre famille n'en avait été atteint, même si toutes les femmes des deux lignées avaient vécu jusqu'à quatre-vingt-dix ans bien tassés, ma mère s'était éteinte à soixante-douze ans.

Sur le moment, j'avais affirmé que tout allait bien, même si ce n'était pas vrai. Je perdais mes cheveux et je ne pouvais plus manger.

Il m'a fallu longtemps pour accepter le deuil. Mes amis m'ont aidée, mon mari aussi.

Quand nous sommes arrivés chez le vétérinaire, on m'a gentiment permis de téléphoner depuis la ligne fixe du cabinet. Par chance, j'avais mémorisé quelques numéros, dont celui de mon mari. Je l'ai appelé trois fois. Pas de réponse. Il n'était pas encore neuf heures. Sa journée de travail ne débutait qu'une demi-heure plus tard. Où était-il ?

J'ai appelé mon amie Marilyn. Elle est arrivée dix minutes plus tard, en fonçant au pas de course depuis son appartement de Chelsea.

Marilyn n'avait pris ni son café ni sa douche et, comme moi, elle était en survêtement. Nous nous sommes regardées, toutes les deux mal peignées, les dents pas brossées, le visage pas lavé.

Et maintenant, on fait quoi ?

Le chien était mort d'une rupture d'anévrisme. C'était l'avis du vétérinaire, mais il ne pouvait pas en être sûr sans une autopsie. Était-ce ce que je voulais ? Non, a répondu pour moi mon amie Marilyn.

Mon mari avait toujours détesté ce chien. Je me suis demandé si la mort de Tucco était un signe.

Ça l'était. Je ne le savais pas encore à l'époque, mais notre relation aussi frôlait la rupture d'anévrisme – la mort sur le point de frapper.

Trois mois plus tard, en novembre, mon mari m'a annoncé qu'il demandait le divorce. C'était le lendemain d'une énorme tempête de neige. Nous étions dans ma petite maison du Connecticut, privés d'eau et d'électricité. Je ne pouvais pas imaginer rentrer en ville avec lui, alors je suis restée à la campagne, à ramasser de la neige que je faisais fondre sur un feu de bois pour faire marcher les toilettes.

Les négociations du divorce ont commencé. Comme il se doit, nous avons vécu quelques épisodes abominables, mais si je compare à d'autres divorces, celui-là ne s'est pas trop mal passé.

À un détail fâcheux près.

L'emprunt sur l'appartement. L'ancien devait être résilié, et il fallait en faire un nouveau à mon seul nom. Je n'imaginais pas que ça puisse poser un problème et mon banquier non plus. D'autant moins que j'avais assez d'argent sur mon compte pour tout rembourser. Mon banquier m'a rassurée : tout allait marcher comme sur des roulettes. Jusqu'au jour du rendez-vous, trois mois plus tard. Je suis entrée dans son bureau, et en m'asseyant j'ai senti que quelque chose clochait.

– Alors ? j'ai demandé.

– Je suis désolé, a-t-il dit. C'est l'algorithme.

– Je n'obtiendrai pas mon prêt, c'est ça ?

– Non, a-t-il murmuré.

Et là, j'ai compris. Je n'entrais plus dans aucune des bonnes cases.

J'étais a) une femme, b) célibataire, c) free-lance, et d) j'avais plus de cinquante ans.

Et puisque je n'entrais plus dans les bonnes cases, je ne figurais pas dans les calculs démographiques. Dans le monde des algorithmes, ça voulait dire que je n'existais pas.

Je suis sortie de la banque en état de choc.

Tous mes repères familiers étaient là – les baies vitrées du Knickerbocker à travers lesquelles on apercevait les vieux habitués en pull-over qui sirotaient un verre au bar. Le traiteur chez qui je passais chaque matin, à côté du caviste avec son vendeur survolté qui n'arrêtait pas de parler baseball. Comme moi, il était là depuis trente ans.

J'ai traversé la rue pour regarder la façade de mon immeuble. Je me rappelais combien de fois j'étais passée devant, à mes débuts à New York. J'étais étudiante à l'université et fréquentais la jet-set au Studio 54. J'avais dix-neuf ans et déjà une poignée d'articles publiés dans quelques-uns des journaux underground qui fleurissaient partout à l'époque.

J'étais tellement fauchée. Mais ça n'avait aucune importance parce que tout arrivait à la fois, tout était nouveau et excitant. Je longeais les immeubles avec leurs portiers en uniforme gris et gants blancs, et je m'attardais pour admirer le jardin – un vrai jardin avec des fleurs et des graminées – et je pensais : Un jour, si je réussis, j'habiterai ici !

Maintenant, j'habitais ici. Dans un appartement d'angle au dernier étage de l'immeuble où, coïncidence, vivait l'acteur qui jouait Mr Big. Mon appartement avait figuré dans *Elle Décoration* et, de tous mes succès, c'était celui qui avait fait le plus plaisir à ma mère, elle-même décoratrice de talent.

J'avais le net sentiment d'avoir été flouée par le système. Non seulement je risquais de perdre ma maison, mais j'étais aussi sur le point de rejoindre les millions de femmes d'âge mûr qui divorceraient cette année-là. Qui seraient obligées de sortir de leur coquille à la recherche d'un homme introuvable. Et qui, comme moi, devraient dénicher un nouveau lieu de vie.

Je me suis mise à pleurer, mais j'ai arrêté tout de suite, en m'apercevant que j'étais trop fatiguée pour les larmes. Du coup, j'ai appelé Marilyn.

– Ma chérie, ai-je commencé.

– Oui ?

– Je voulais juste te mettre au courant : pour moi, c'est fini, la coupe est pleine.

Et c'est comme ça que j'ai quitté Manhattan.

Contrairement aux millions de femmes divorcées dans l'année, j'avais la chance d'avoir assez bien gagné ma vie pour mettre de l'argent de côté en vue des jours difficiles – ces jours qui ont tendance à s'accumuler avec l'âge. En guise de pied de nez à la banque, j'ai racheté mon emprunt, loué l'appartement, raccroché mes talons aiguilles et filé vers ma maison de poupée des collines de Litchfield County. Et parce que, là-bas, il y avait tout l'espace voulu pour courir, j'ai acheté deux caniches, Pepper et Prancer, et je me suis consacrée à ce que j'avais rêvé de faire depuis que j'étais toute petite : écrire tout ce que je voulais et monter des chevaux de dressage.

Mon père a toujours dit que je suis têtue comme une mule et trop sûre de moi. Le résultat, c'est que mon cheval m'a désarçonnée très vite et que je m'en suis sortie avec une fracture. J'ai boitillé partout avec un déambulateur en me sentant comme une petite vieille. Je n'étais pas sûre à cent pour cent que c'était une bonne idée de poursuivre l'équitation, mais mon père m'y a encouragée, en me rappelant comment, enfant, je remontais toujours en selle après une chute. Trois mois plus tard, je participais à des compétitions et je gagnais même un flot ou deux.

Le matin, en me réveillant, je respirais la paix du silence. J'étais heureuse.

Je ne pensais pas à mon ancienne vie. Je ne pensais pas à New York. Et, plus important encore, je n'avais pas une pensée pour les hommes.

Quoi qu'il en soit, au bout de six mois de retraite, j'ai reçu un coup de fil de Tina Brown. Elle avait une idée d'article pour moi. Maintenant que le délai décent s'était écoulé depuis mon divorce, elle me proposait de me jeter à nouveau dans le monde des rencontres et d'écrire un papier sur la recherche de l'âme sœur après cinquante ans. Je pouvais chercher sur Internet. Je pouvais aussi louer les services d'une agence matrimoniale.

Je l'ai interrompue tout de suite.

Non, merci bien.

Je n'étais pas prête à me lancer dans ces aventures-là. Et surtout, je n'en avais pas envie. J'avais vécu près de trente-cinq ans en couple, d'une façon ou d'une autre. J'avais fait l'expérience du cycle complet : tomber amoureuse, me marier, divorcer. Et maintenant il aurait fallu que je recommence de zéro ? C'était vraiment tout ce que je pouvais faire de ma vie, m'engager encore et encore dans une relation amoureuse ? J'ai pensé à la définition bien connue de la folie : répéter indéfiniment la même chose et s'attendre chaque fois à un résultat différent.

Il était temps de rompre le cycle. J'ai décidé, pour la première fois en trente-cinq ans, de vivre sans homme.

Ça voulait dire également vivre sans sexe. Arrivée à ce stade de mon existence, je n'étais pas intéressée par les histoires d'un soir.

Je n'en ai parlé à personne, bien entendu. Le sexe – autrefois source de tant d'amusement, de gêne, de crainte et de joie – n'était plus que très rarement un sujet de conversation. Mes amies célibataires étaient seules depuis des lustres et donc s'en passaient, tandis que celles qui devaient gérer une vie conjugale et des enfants s'en passaient probablement aussi, du moins c'était mon impression. Mais de temps en temps, si j'expliquais à un homme que je n'avais aucune envie de faire des rencontres et que, vraisemblablement, je n'en aurais plus jamais envie, il sursautait comme si je venais d'avouer que j'avais étranglé un chaton.

– Mais... Et le sexe, alors ?

– Quoi, le sexe ?

– Qu'est-ce que tu fais ?

– Je ne fais rien.

– Mais... ça n'est pas un besoin, pour toi ?

– Pour toi, oui ? Moi, j'ai découvert que les gens chez qui le sexe est un besoin ont tendance à prendre de mauvaises décisions pour assouvir leurs pulsions. J'ai vu des gens foutre en l'air une carrière magnifique, juste pour un plan cul.

Et puis j'avais tant de choses plus intéressantes à faire. Cuisiner des repas élaborés. Apprendre à me servir d'Instagram. Créer une chanson sur GarageBand. Ma meilleure amie s'appelait Angie. Elle habitait un peu plus loin dans ma rue, venait de survivre à un cancer et travaillait dans un centre psychiatrique où elle par-

lait de Shakespeare à des adolescents. Nous nous bala-
dions ensemble en regardant les sculptures de Calder
ou la maison de Frank McCourt. Dans la campagne,
nos téléphones portables ne marchaient pas, alors nous
parlions. De féminisme, du sens de la vie, des romans
que j'inventais dans mes rêves éveillés. Nous nous arrê-
tions devant la retraite d'écriture d'Arthur Miller, une
maisonnette qu'il avait construite de ses mains et où il
a rédigé *Les Sorcières de Salem*. C'était tout petit, peut-
être trois mètres sur cinq, avec une longue planche de
bois poli en guise de bureau. Je m'arrêtais à la fenêtre
pour regarder les arbres et le sentier en pensant que
c'était la vue qu'Arthur Miller avait eue sous les yeux
pendant des décennies. Comment se sentait-il ? Avait-il
jamais, lui aussi, désespéré de réussir à créer exactement
ce qu'il voulait ? Et je priais pour qu'un peu de son
génie m'atteigne, par proximité.

Par pitié !

Ça n'est jamais arrivé.

Pendant la période où j'ai vécu dans le Connecticut,
j'ai rédigé trois romans, et mes éditeurs les ont détestés
tous les trois, au point de refuser de les publier. Quand
j'ai enfin envoyé un manuscrit dont je pensais vraiment
qu'il allait leur plaire, ils me l'ont renvoyé barré à chaque
page d'un trait noir rageur.

Bienvenue dans la folle cinquantaine, le moment où
votre carrière est peut-être déjà terminée.

J'ai appelé Marilyn. Au secours.

— Ma chérie, m'a-t-elle expliqué, je pense que tu
deviens dingue toute seule là-haut. C'est pour ça que
tout ce que tu écris est dingue aussi.

C'est à ce moment-là que j'ai reçu un coup de fil de mon comptable. Lui, au moins, avait de bonnes nouvelles. Si je vendais mon appartement, je pouvais bénéficier d'une réduction d'impôt. Rembourser mon crédit trois ans plus tôt avait été sage : les prix de l'immobilier avaient augmenté et, grâce à cette mesure fiscale unique, je serais en mesure d'empocher un bon profit.

Un profit suffisant pour m'offrir un petit deux-pièces en ville qui me servirait de pied-à-terre, et, en me débrouillant bien pour dénicher les meilleures affaires sur le marché, une petite maison décrépite aux abords d'un ancien village de pêcheurs dans les Hamptons. Un lieu à moi dans ce village, c'était quelque chose dont je rêvais depuis que Marilyn s'y était installée, deux ans plus tôt.

Comme moi, elle en avait brusquement eu assez de la ville, sans raison apparente.

En réalité, ce n'est pas tout à fait vrai. Elle avait subi, elle aussi, une série de revers, au point d'avoir l'impression que la ville cherchait à se débarrasser d'elle. Littéralement. Le petit immeuble en copropriété familiale où elle louait son appartement depuis douze ans allait être démoli pour faire place à une tour résidentielle.

Marilyn ne savait pas comment réagir. Peu après, elle perdait un client important qui retournait s'installer chez lui, en Californie. Et le chien de Marilyn avait besoin d'une opération. Coût : trois mille dollars.

Nous étions au cœur de l'hiver, il faisait très froid. Marilyn répétait sans cesse qu'en marchant jusqu'au bout d'une jetée et en enlevant tous ses vêtements, on pouvait mourir de froid en vingt minutes. Elle avait fait des recherches sur Internet.

C'était inquiétant. Marilyn, qui prenait du Prozac depuis quinze ans, était l'une des personnes les plus joyeuses que je connaissais. Elle parlait à tout le monde, et c'était l'une de ces âmes rares à qui il est possible de confier ses craintes les plus excessives sans avoir peur d'être jugé. À huit heures, par une glaciale matinée d'avril, Marilyn s'est donc rendue chez un psy.

Le psy l'a renvoyée avec une ordonnance, qu'elle a portée à la pharmacie avant de rentrer chez elle et d'avaler un flacon entier de somnifères. Je le sais, parce que je l'ai appelée à neuf heures quinze pour savoir comment s'était passé son rendez-vous, et elle venait de gober le dernier comprimé. Elle sombrait déjà dans un sommeil comateux, mais elle était encore capable de répondre au téléphone.

J'ai appelé le 911.

Heureusement, elle s'est rétablie, mais c'était pour elle le moment ou jamais de s'éloigner de la ville et de faire une parenthèse pour reprendre ses esprits.

C'est comme ça que Marilyn s'est dirigée vers l'est, jusqu'au cottage avec vue sur la baie d'une amie, dans le Village. Au départ, elle pensait rester une semaine ou deux. Le temps a passé, et elle est restée un mois. Puis deux. Il ne lui a pas fallu longtemps pour se lier d'amitié avec un agent immobilier qui connaissait le marché comme sa poche et qui savait où trouver quelque chose de pas trop cher pour une célibataire d'âge mûr. Par exemple, une maison aux peintures écaillées, aux installations électriques antiques, le genre d'affaires que les promoteurs évitent comme la peste parce qu'elles ne génèrent pas assez de profit.

Trois mois ont passé, puis une saison, et une année entière, jusqu'à l'hiver suivant. Et un matin, Sassy a glissé sur une plaque de verglas en rentrant de son cours de Pilates et s'est fait une entorse. Elle a commencé à se plaindre de la ville, qui avait changé, et à imaginer à quel point ce serait fabuleux si nous habitions l'une près de l'autre comme autrefois. C'est ce qui a donné à Marilyn l'idée de nous trouver des maisons dans nos prix : nous allions toutes venir vivre dans le Village.

Bien des années plus tôt, Sassy, Marilyn et moi avions habité dans la même rue. Nous passions nos vies chez l'une ou chez l'autre. Sans doute parce que nous étions plus jeunes de quinze ans, cette époque nous paraissait heureuse et pleine de projets excitants. Chaque succès en amenait de nouveaux, l'avenir s'annonçait sans nuages. Depuis, les choses avaient changé, mais nous étions toujours restées proches et, parce que nous n'avions ni enfants ni obligations familiales très prenantes – Sassy n'avait plus ses parents et la famille de Marilyn vivait en Australie –, nous prenions encore des vacances ensemble.

Les choses se passent rarement comme prévu, mais cette fois-là a fait exception. Aidées par l'agent immobilier que Marilyn avait rencontré, elle et Sassy avaient trouvé une maison. Et maintenant, grâce à la vente opportune de mon appartement, je pouvais les rejoindre.

Au printemps suivant, je me suis installée dans une ancienne ferme en mauvais état mais pleine de charme, à six cents mètres de chez Sassy et à deux kilomètres de chez Marilyn. Au départ, nous n'étions que trois, mais il n'a pas fallu longtemps pour que Sassy retrouve Queenie, que nous avions connue au cours de nos vies de célibataires, et qui vivait elle aussi dans le Village.

À l'époque où nous avions fait sa connaissance, Queenie était une *it-girl* dans les cercles de la bonne société. Un week-end, elle était allée rendre visite à sa mère, artiste renommée et personnalité très en vue dans le Village. Ne sachant plus quoi faire pour s'échapper du cercle familial, Queenie avait décidé de passer la soirée dans un bar. Elle y avait rencontré un type du coin, était tombée amoureuse, avait eu un enfant et, après avoir tenté pendant deux ans de rester mariée, avait divorcé. Elle était restée au Village, où elle connaissait absolument tout le monde.

Celui qui avait été son compagnon pendant une dizaine d'années habitait dans un autre État et sa fille, qui avait maintenant dix-sept ans, menait sa vie en toute indépendance. Très vite, Queenie a rejoint nos soirées. Le concept d'appartenir à un groupe de filles était nouveau pour elle. Elle disait toujours « les filles » entre guillemets, comme si passer son temps avec d'autres célibataires cinquantenaires était une chose qu'il convenait de séparer du reste de sa vie, au moins par un signe de ponctuation.

Et enfin Kitty est arrivée.

Kitty était une autre amie commune, qui, après un mariage avec son Mr Big quinze ans plus tôt, avait allègrement disparu dans la félicité conjugale. Ou du moins, c'était ce que nous pensions. Maintenant Kitty, comme tant d'autres de nos connaissances, était en train de divorcer.

C'était un choc. Parmi mes amies, Kitty était la seule à croire au grand amour. De vingt à trente ans, et même de trente à quarante, elle a rejeté tous les hommes qu'elle rencontrait parce qu'ils n'avaient pas l'étoffe de l'âme sœur. Et puis un jour, dans un restaurant du quartier, elle s'est trouvée assise à côté d'un homme plus âgé qu'elle. Ils ont commencé à bavarder. Le soir même, elle l'a emmené chez elle pour emménager chez lui le jour suivant, et l'épouser six mois plus tard.

Kitty et moi nous étions un peu perdues de vue par la suite, mais nous nous étions retrouvées alors qu'elle était encore mariée. Je me souviens d'avoir été impressionnée de les voir si amoureux l'un de l'autre, son mari et elle. Il répétait à tout le monde qu'il ne pourrait pas vivre sans Kitty, et qu'il préférait passer son temps avec elle plutôt qu'avec quiconque.

J'aurais aimé connaître un tel amour, mais je savais que ça ne faisait sans doute pas partie de mon karma. La dernière chose à laquelle je m'attendais, c'était de voir ce mariage prendre fin, et d'une manière aussi abrupte. Un samedi après-midi, le mari de Kitty est rentré plus tôt que prévu de son club de golf. Il était complètement ivre, et son partenaire l'était autant que lui. En titubant, il s'est approché de Kitty, lui a dit : « Tu es une pouffe ! » et lui a tendu une requête en divorce rédigée par son avocat.

Enfin, il a essayé.

Kitty s'est mise à hurler.

– Tu es cinglé ?

Depuis quelques mois, ce n'était pas la première fois qu'elle le voyait dans cet état d'ébriété avancée. Comme la plupart des gens dans cette histoire, il avait ses problèmes personnels. Mais l'annonce du divorce, c'était un épisode d'un genre nouveau. Et même si Kitty l'a déchirée en mille morceaux, l'assignation était authentique. Tout comme le contrat de mariage inattaquable qui stipulait qu'en cas de séparation Kitty devait quitter le domicile conjugal, et vite.

Elle aussi a loué une maison dans le Village pour être près de ses amies.

Avec Kitty, nous étions cinq.

– Alors, qu'est-ce que tu fais de ton temps, ici ? m'a-t-elle demandé un jour.

– J'écris, tu vois.

– Mais le soir, qu'est-ce que tu fais ?

– J'ai organisé mon emploi du temps de façon très précise. Je fais du sport, j'emmène les caniches à la plage et je dîne tôt. Parfois à quatre heures.

– À quatre heures ?

– Six. Je veux dire à six heures.

– Toute seule ?

– Parfois avec Sassy et Marilyn. Et Queenie.

Kitty s'étouffait.

– Dîner à six heures ? Mais ce n'est pas une vie !

Elle avait raison, évidemment.

Pour finir, Tilda Tia, une amie mariée de Kitty, a surgi comme par magie du sud de la France. Elle venait de mettre fin à une relation de douze ans avec un Français, et elle avait envie de reconstruire sa vie aux États-Unis.

Alors nous avons repris des habitudes qui dataient de bien des années plus tôt, avant les époux et les enfants, avant les carrières accaparantes et les cœurs brisés de toutes les façons possibles : nous nous sommes réunies pour réfléchir à la suite des événements. Dans la cuisine de la nouvelle maison de Kitty.

Et presque aussitôt, comme c'était déjà le cas lorsque nous étions célibataires, le sujet du sexe est venu sur le tapis.

– Qu'est-ce qu'il y a de marrant à faire dans le coin ? Qu'est-ce qu'il y a d'intéressant ? a voulu savoir Kitty.

– Où sont les hommes ? a demandé Tilda Tia.

J'ai regardé tous ces petits visages interrogateurs, et j'ai pensé qu'en effet le moment était venu de se poser ces questions-là.

C'est comme ça que je suis retournée sur mon ancien terrain de jeux, quatre ans après mon départ. En traversant le pont qui mène à Manhattan, devenue une célibataire d'âge mûr, une femme blanche au volant d'un SUV sobre avec deux grands caniches à l'arrière, je ne pouvais pas ne pas me poser la question omniprésente : Sex and the City, et après ?

2

Le traitement Mona Lisa

S'il y avait encore une vie sexuelle, ce n'était pas pour moi. En tout cas, c'est ce que m'a annoncé ma gynécologue.

Elle est la première avec qui j'ai pris rendez-vous à mon retour en ville. Cette visite annuelle est toujours terrifiante, mais c'est une chose que les femmes dans mon style ont appris à faire : montrer son vagin à une personne par an au moins. Parce que si on ne le fait pas, Dieu sait ce qui peut arriver… Une fois l'examen de routine terminé, elle s'est redressée sur son siège et a secoué tristement la tête.

– Tu as reçu l'information que je t'ai envoyée au sujet du traitement laser Mona Lisa Touch ? m'a-t-elle demandé.

– Mona Lisa ?

J'ai ressenti ce pincement de terreur que je connaissais bien. Avais-je raté quelque chose ? Fait quelque chose que je n'aurais pas dû faire ? Était-ce la fin ? Je me suis habillée et dirigée vers le bureau en craignant le pire.

– Écoute, ma belle, m'a-t-elle dit gentiment. L'anneau vaginal ne fonctionne pas. Ton vagin n'est pas assez flexible.

J'ai émis un son étouffé.

– Tes derniers rapports datent de quand ? a-t-elle demandé.

Nouvelle réponse inintelligible.

Elle a levé les yeux au ciel. Elle me posait la même question depuis quatre ans et chaque fois il fallait que j'explique : j'étais sur le point de m'y remettre, mais vraiment, là, très bientôt. On aurait pu croire que je parlais de l'entretien de mes gouttières.

Mais ce jour-là, ma réponse ne la satisfaisait pas.

– C'est précisément pourquoi j'ai pensé au Mona Lisa Touch, a-t-elle annoncé d'un ton enthousiaste qui faisait penser à une annonce publicitaire. C'est un nouveau traitement laser qui permet de retrouver l'élasticité et l'épaisseur de la muqueuse vaginale.

Elle m'a tendu un dépliant mauve.

– Prends le temps d'y réfléchir. Tu verras qu'au moment des rapports sexuels, cela fait toute la différence.

– Hum. Et... combien ? ai-je demandé en toussotant.

– C'est trois mille dollars pour les trois séances.

Trois mille dollars ? Non, merci bien.

Après mon rendez-vous, j'ai retrouvé un producteur de Hollywood pour le déjeuner. Il voulait évoquer la possibilité d'une vague émission de télévision qui parlerait vaguement de sexe. J'étais très contente de rester dans le vague avec lui, puisque c'était l'occasion d'enfiler des vêtements corrects, de sortir déjeuner et de m'essuyer les lèvres avec une serviette repassée.

– Tu as déjà entendu parler du Mona Lisa Touch ? lui ai-je demandé.

Il est devenu livide.

Il savait tout sur le sujet. Sa femme – en réalité, sa future ex – avait subi le traitement deux ans plus tôt, à cinquante-deux ans. Au début, tout s'était bien passé, mais elle n'avait pas tardé à lui dire que désormais il ne lui suffisait plus, et avait fini par se lancer dans une liaison avec le moniteur d'équitation qu'il avait engagé pour ses filles adolescentes. Maintenant, sa femme allait épouser le moniteur, sans égard pour le fait qu'il avait vingt ans de moins qu'elle.

Je ne pouvais pas m'empêcher d'être navrée pour le producteur. Il en pleurait presque. Il paraissait tellement choqué par l'idée qu'un homme jeune puisse préférer une femme plus âgée. Je lui ai fait remarquer que si les rôles étaient inversés, un homme mûr avec une jeune fille, il aurait trouvé la différence d'âge tout à fait normale, et l'histoire dans son ensemble aussi.

La conclusion, c'était que, grâce au Mona Lisa Touch, les chances semblaient s'être inversées. Si les femmes d'âge mûr pouvaient se conduire comme des hommes et avoir des partenaires plus jeunes qu'elles de plusieurs décennies, n'allaient-elles pas en profiter ? Les femmes abandonneraient-elles leurs compagnons de leur âge pour des hommes plus ardents et plus sexy ?

Absolument, a répondu mon amie Ess quand je lui ai posé la question. En particulier si, comme Ess, elles vivent au sein du « un pour cent » – les plus riches habitants de la planète.

Ces femmes, m'a-t-elle expliqué, ont passé leur vie à soigner leur physique pour plaire à leurs maris.

– Après avoir subi des années de régime et de yoga,

dépensé des milliers de dollars en Botox et en injections de collagène, un traitement laser de plus, ce n'est rien...

J'ai aussi appris qu'il n'était pas rare de voir un mari offrir le Mona Lisa Touch à sa femme pour son cinquan-tième anniversaire. Comme beaucoup de ces procédés au laser, le Mona Lisa Touch n'est pas indiqué pour tout le monde. Mais si ça marche, alors, attention ! Ess pou-vait me donner les noms de trois femmes qui l'avaient essayé et qui venaient de quitter leurs maris.

L'effet Viagra

– C'est exactement ce qui s'est passé quand les hommes d'âge mûr ont découvert le Viagra, m'a expli-qué Ess. Tout à coup, ils se sont mis à bander, alors ils ont voulu faire l'amour à leurs femmes qui n'en avaient plus envie, et ils les ont quittées pour des filles plus jeunes. Mais cette fois, ça se passe dans l'autre sens.

Si on veut. Le problème de cette analogie, c'est que contrairement aux hommes, la majorité des femmes n'au-ront pas accès à ce phénomène nouveau dans l'univers des relations amoureuses. Comme d'habitude, il y a une énorme différence entre le prix payé par les hommes pour retrou-ver une nouvelle jeunesse et le prix payé par les femmes.

Combien coûte la petite pilule bleue ? Pas grand-chose, je parie. Et comme la plupart des traitements masculins, celui-là est peut-être couvert par l'assurance maladie. Dans tous les cas, le prix doit être très éloigné de *trois mille dollars*.

Ce qui m'a fait comprendre que si je voulais continuer à explorer la question du sexe, il allait falloir que j'utilise les ressources que j'avais déjà : ma bicyclette, par exemple.

Les nouveaux mecs à vélo

Il y a vingt-cinq ans, quand j'ai commencé à écrire à propos des « mecs à vélo », ils représentaient un groupe très restreint. Un peu gamins, un peu juvéniles, ils avaient le genre intello tendance grosse tête. Et ils étaient quand même assez pénibles avec leurs bécanes, surtout quand ils insistaient pour les monter dans votre appartement comme si c'était un animal de compagnie. Qu'ils circulent en deux-roues était considéré comme légèrement idiot, et aussi dangereux. Enfin, ça montrait qu'ils étaient fauchés.

Aujourd'hui, c'est l'inverse. Non seulement les mecs à vélo sont partout, mais ils ont muté en dizaines de typologies différentes, exactement comme un virus.

Voici quelques exemples :

Le père de famille milliardaire du high-tech

Il a une tribu de mômes avec ses différentes épouses, et quelque part dans l'une de ses propriétés à trente-cinq millions de dollars est installée une cage à écureuils. Comme il aime impressionner les autres milliardaires du high-tech par ses prouesses, il fait l'aller-retour New York-Montauk, près de cent quatre-vingts kilomètres, en vélo, et dans la journée.

Bon côté : il est riche, en forme et fertile.

Mauvais côté : il change de femme comme d'autres changent leurs pneus de vélo.

L'homme dans la meute

L'homme dans la meute est un type d'un genre parallèle. Il aime faire du vélo en peloton avec d'autres cyclistes. Généralement, il n'est pas riche, mais il l'est assez pour dépenser deux mille dollars pour son vélo. Il l'est également assez pour pouvoir consacrer des heures chaque semaine à son « hobby » pendant que sa partenaire trime à la maison.

Bon côté : il s'efforce de prendre soin de lui, ce qui signifie qu'il sera sans doute volontaire pour prendre soin d'autrui – du moins quand il n'est pas à vélo.

Mauvais côté : c'est le genre à exaspérer sa femme. Au début, ça ne l'énervait pas tellement, mais maintenant qu'ils vieillissent tous les deux, que les enfants sont devenus des ados, ça la crispe.

Le vrai jeune cycliste

À l'opposé de l'homme mature agissant en gamin, celui-là est authentiquement jeune. Le vrai jeune cycliste peut être plus petit ou plus menu que vous, mais il est bien plus résistant et c'est un as de la bicyclette.

Bon côté : il est capable de faire des acrobaties en roulant sur la roue arrière.

Mauvais côté : vous risquez de vouloir en faire autant et de vous retrouver à l'hôpital avec une fracture du coccyx.

Le célibataire

Lui, c'est le type qui part en week-end avec une fille trouvée sur un site de rencontres en ligne. Le célibataire a peut-être fait du vélo trois fois dans sa vie, mais comme c'est le genre à regarder tous les épisodes de *The Bachelor*, *The Bachelorette*, et même probablement *Bachelor in Paradise*, il sait qu'aujourd'hui, dans le monde des rencontres, le mâle correct doit faire certaines choses, par exemple se balader à vélo dans de charmantes petites villes balnéaires. C'est censé être un plaisir, mais à voir son expression, ce n'en est pas un du tout.

Bon côté : quelque part, il est vraiment à la recherche de l'âme sœur.

Mauvais côté : si vous faites une chute de vélo, il va vous remplacer illico.

Cela étant posé, cela vaut-il la peine de se mettre au vélo pour rencontrer un homme ? Pour le savoir, je suis allée me promener du côté de Central Park.

C'était bondé de cyclistes. Le problème, c'est qu'ils

fonçaient tous comme s'ils étaient en train de disputer le Tour de France. Inutile d'espérer arrêter quelqu'un, encore moins faire une rencontre. Bon, les rues aussi grouillent de gens qui ont enfourché un vélo en libre-service pour faire leurs courses, mais je n'ai ni les réflexes, ni le culot, ni peut-être la stupidité de circuler en deux-roues au milieu des embouteillages new-yorkais.

J'ai résolu de poser la question à quelqu'un du Village, plus spécifiquement à Tilda Tia.

Soudain Samantha

Contrairement à moi, Tilda Tia est toujours partante pour expérimenter de nouvelles manières de faire des rencontres. Elle est restée « sage » pendant douze ans auprès de son ex, et maintenant elle est « prête à tout » pour profiter de sa nouvelle liberté.

Tilda Tia soudain se transforma en Samantha. Et c'est aussi une maniaque du vélo.

La semaine dernière, elle n'a pas arrêté de m'envoyer des messages pour me raconter qu'elle venait de faire vingt-quatre, puis vingt-neuf, et enfin trente-huit kilomètres en moins de trois heures, et que son but était d'atteindre les quarante kilomètres dans le même temps, ou moins. Pour une raison que je n'ai toujours pas élucidée, j'ai accepté de l'accompagner. Si je ne rencontrais personne, au moins je ferais de l'exercice.

Quand je l'ai retrouvée, elle portait une robe paysanne à fleurs et des sandales argentées, comme si nous avions prévu une fête sur la plage et pas une randonnée cycliste de trente-deux kilomètres. Comme elle sortait de chez son coiffeur, elle a refusé catégoriquement de porter un casque. Elle préférait s'enfoncer des écouteurs dans les oreilles, comme s'ils allaient la sauver.

De mon côté, je m'étais équipée de façon sûre et fonctionnelle. J'avais enfilé un short de cycliste rembourré et le gilet de sécurité vert fluo que m'avait prêté Sassy, avec un casque énorme peint à l'image d'une demi-pastèque. J'avais un vélo de cross orange qui avait provoqué quelques regards admiratifs sur les sentiers du Connecticut, à l'époque où Angie et moi y faisions des balades.

C'était précisément le genre de vélo qui ne devrait jamais sortir des chemins de terre. Il était parfait pour traverser les prairies et passer les virages mais trop lourd pour aller vite. En tout cas, trop lourd pour aller aussi vite que Tilda Tia.

Tout allait bien jusqu'à ce que nous sortions du Village pour nous engager sur la route. Le premier obstacle était un pont. Je l'avais franchi des centaines de fois en voiture sans jamais remarquer à quel point il était pentu. Ni à quel point la voie réservée aux vélos était étroite et proche de celle des automobilistes.

J'ai réussi à grimper jusqu'à mi-pente avant de vaciller et de dévier de mon couloir. Mettant pied à terre, j'ai poussé mon vélo jusqu'à la crête pour découvrir Tilda Tia qui m'attendait impatiemment en bas.

– Tu es déjà descendue de vélo ? Mais tu n'as pas encore vu une seule vraie côte !

– J'ai facilement le vertige, ai-je répondu en me remettant en selle.

Au début, j'ai pédalé derrière elle comme une malade en essayant de rester à sa hauteur. Quand j'ai compris que je n'y arriverais jamais, j'ai ralenti et décidé d'étudier mes compagnons de route.

On pourrait croire que le vélo est une passion de jeunes, mais il n'en est rien. Je l'ai compris en croisant une série de gens d'un âge certain.

La plupart étaient comme moi plutôt en forme, assez sportifs pour faire plusieurs kilomètres, mais pas assez obsédés pour se retenir d'engloutir une portion de frites après l'effort. On rencontrait pas mal de couples qui avaient, j'imagine, décidé de faire plus d'exercice, et de le faire ensemble. En tout cas, ils paraissaient heureux. Non, ce n'est pas vrai : parfois l'un des deux avait l'air franchement mécontent, comme s'il ou elle ne pouvait pas croire que son partenaire l'ait convaincu(e) de monter sur une bicyclette – l'exercice avait intérêt à se révéler positif pour leur mariage. Mais ils étaient tous bienveillants. En nous croisant, nous échangions un petit signe de tête poli, qui rappelait les manières courtoises des yachtmen d'autrefois.

On rencontrait aussi des fonceurs. C'étaient également des hommes et des femmes d'âge moyen, à l'équipement technique, montés sur des bicyclettes aux cadres aérodynamiques et aux roues très minces. Ils avaient l'air d'appartenir à un genre de club, le genre réservé aux champions et, comme je l'ai su plus tard, ils ne frayaient qu'avec ceux de leur rang. De leur point de vue, ceux qui ne faisaient pas partie du club ne méritaient pas plus d'attention que des moustiques écrasés.

Enfin, on croisait les essaims de copains. Des groupes mixtes, hommes et femmes sortis pour une balade à plusieurs. Je pouvais facilement imaginer les conversations qui les avaient menés jusque-là :

– Alors, on se voit quand ?

– Oh, j'adorerais sortir, mais j'essaie de moins boire en ce moment (ou de moins manger).

– Oui, moi aussi. Tiens, j'ai une idée : si on allait faire un tour à vélo ?

– Ah voilà ! Quelle excellente idée !

Prise dans un essaim

Les essaims de copains étaient partout. Il n'a pas fallu longtemps pour que je me trouve au milieu de l'un d'eux.

Le problème des essaims, c'est que chacun roule à une vitesse légèrement différente des autres. Généralement, c'est à une vitesse trop lente pour qu'on reste derrière et trop rapide pour qu'on puisse dépasser. Le résultat, c'est qu'on finit par rouler tous ensemble, qu'on le veuille ou non, et assez proches les uns des autres pour se sentir obligé d'engager la conversation.

Ce n'est ni difficile ni désagréable. Tout ce que vous avez à faire, c'est offrir un signe de tête et un petit sourire en disant quelque chose du genre « beau temps pour se balader ». Vous ajoutez un léger salut de la main, sans lâcher le guidon, et assez vite quelqu'un se place en tête pendant que les autres suivent comme des canetons.

Dans cet essaim de quatre en particulier, les choses se sont passées autrement. Un homme et une femme ont pris la tête, et les deux cyclistes restants ont traîné à l'arrière. Ce genre de choses arrive quand la circulation ne permet pas de doubler sans risque.

Les deux hommes m'ont jeté un coup d'œil, et je leur ai rendu la pareille. L'un ne ressemblait pas à grand-chose, mais l'autre avait une belle moustache argentée qui s'accordait au teint frais et à la peau lisse d'un individu capable de s'amuser tout en gardant un régime sain.

– J'aime bien votre vélo, a-t-il lancé avec un sourire.

– Merci.

J'espérais qu'ils allaient me dépasser tous les deux. Nous étions trois de front, ce qui ne va pas sans danger. J'ai horreur de ça : si une voiture heurtait l'un d'entre nous, nous allions tous nous étaler comme des dominos.

– Quel genre de vélo est-ce ?

Non mais, sérieux ? Il ne savait pas à quel point c'est périlleux d'engager la conversation au milieu de voitures qui vous frôlent à soixante kilomètres-heure ?

– C'est un VTT, j'ai dit en serrant les dents.

Heureusement, il a enfin décidé de me dépasser.

L'arrêt suivant, c'était le ferry où cyclistes et automobilistes pouvaient embarquer pour une île connue comme La Mecque des randonneurs. Les routes y étaient pittoresques et peu fréquentées.

Quand je suis arrivée sur le quai, le ferry venait d'accoster. L'essaim attendait sur le côté, Tilda Tia s'était postée tout au bord, comme pour marquer sa détermination à passer la première. Ça voulait dire que j'allais devoir traverser les groupes pour la rejoindre.

– Vous allez à Shelter Island ? m'a demandé le moustachu, comme si le ferry desservait une autre destination.

J'ai hoché la tête.

– Nous allons déjeuner à l'auberge de La Tête de bélier. Vous devriez vous joindre à nous.

– Merci !

J'étais ravie. Jusque-là, notre aventure à vélo s'annonçait plutôt propice aux rencontres. J'ai fait signe à Tilda Tia pour lui signaler que j'étais avec quelqu'un.

Il l'a examinée d'un coup d'œil rapide, a décidé qu'elle lui plaisait et m'a proposé de l'inviter aussi.

– Succès ! ai-je chuchoté en arrivant près de Tilda Tia, mon vélo à la main.

Je lui ai discrètement indiqué le groupe et j'ai relayé l'invitation à déjeuner.

– Non.

– Mais pourquoi pas ?

– Parce qu'ils me rappellent mon premier mari et ses amis, et que ce n'est pas ce que je recherche.

Pour bien montrer sa détermination, elle a fait rouler son vélo jusqu'à la proue du bateau en mettant autant de distance que possible entre elle et le reste du groupe.

En réalité, et comme je n'allais pas tarder à le découvrir une dizaine de kilomètres plus loin, mon amie Tilda Tia avait un tout autre type d'homme en tête.

Nous pédalions au milieu du paysage superbe de la péninsule, dépassant les demeures historiques nichées dans la verdure, quand elle s'est arrêtée net devant un manoir de style victorien.

– La voilà. La maison de mes rêves. C'est ici que j'habiterais si j'avais toute la fortune de la terre.

41

Pendant que nous contemplions la façade, notre attention a été attirée par un type qui sortait de la maison voisine. En tee-shirt et en short de sport, il était musclé juste comme il faut, avec un visage parfait dans le genre Action Man. Il devait avoir la trentaine. Arrivé au bout de l'allée, il s'est mis à courir.

– Oh, mon Dieu ! a gémi Tilda Tia. C'est l'homme de mes rêves.

– Quoi ?

– Je ne t'ai pas parlé de lui ? Je l'ai repéré il y a deux jours, sur le port. C'est l'homme le plus beau du monde.

Sur ce, elle s'est élancée à sa poursuite.

Ne fais pas ça, l'ai-je suppliée intérieurement en pédalant de toutes mes forces pour éviter de la perdre de vue. S'il te plaît, ne me fais pas faire ça. Et comme, à cause de cette idiotie, je filais plus vite que je n'en étais capable, c'est arrivé : je me suis blessée. Dans ces enclaves résidentielles très protégées, les rues sont semées d'embûches : des gendarmes couchés, des obstacles triangulaires et des plots métalliques. C'est en voulant éviter l'un de ces plots que j'ai foncé sur une bosse. J'ai lâché les pédales, mais l'une d'elles s'est emballée et m'a frappée violemment le tibia.

– Aïe !

Je suis descendue de vélo. Ma jambe virait déjà au bleu et au noir, et ça faisait mal. Dans un avenir proche, la douleur finirait par se calmer, mais en attendant il fallait que je remonte sur ma bicyclette et que je rattrape Tilda Tia.

Elle avait disparu derrière une côte. Je l'ai appelée et,

grâce à ses écouteurs Bluetooth, elle a répondu immédiatement.

– Où es-tu ? m'a-t-elle demandé.

– Je me suis fait mal en passant un obstacle.

– Et ça va ? Tu veux que je revienne te chercher ?

Ce n'était pas la peine. Je ne souffrais pas à ce point-là.

Je l'ai rattrapée au carrefour et je lui ai montré ma jambe. C'était évident, je n'avais pas besoin d'une ambulance. Mais nous avons pensé toutes les deux que ce serait une bonne idée de mettre de la glace sur l'ecchymose. Nous nous sommes dirigées vers un restaurant de plage très populaire qui n'était, d'après les estimations de Tilda Tia, qu'à quatre kilomètres.

Un quart d'heure plus tard, suant et soufflant, nous sommes arrivées, épuisées. Le restaurant avait été considéré comme un lieu à la mode en son temps, mais il était surtout bondé de couples de trentenaires et de quarantenaires encombrés de grappes d'enfants. Assises à une table, nous nous éventions avec les menus quand Tilda a gémi :

– Je ne comprends pas pourquoi je transpire comme ça.

– Moi, je comprends, ai-je dit, le nez sur mon téléphone. Il fait seulement... voyons, trente-deux degrés, avec soixante-dix pour cent d'humidité ambiante.

Ça nous a fait rire. Qu'est-ce que nous faisions là, deux femmes d'un certain âge, à pédaler par des températures pareilles dans l'espoir incertain de rencontrer des hommes ?

Malgré tout, il faisait bon dans ce restaurant aux sièges d'osier multicolores, sous les ventilateurs du plafond. Les enfants jouaient dehors sur la plage, des touristes s'amusaient à se pousser à l'eau depuis un bateau club amarré dans la baie.

Nous avons commandé la spécialité maison, le Frozé : vin rosé, fraises fraîches et un soupçon de vodka, le tout glacé. Nous avons dégusté les frites trempées dans de la mayonnaise. Et enfin, parce que c'était un jour comme ça, nous avons appelé un Uber pour rentrer.

3

L'expérience Tinder

Quelques jours plus tard, rentrée bredouille de mon expédition en quête d'hommes disponibles, j'étais de retour dans mon appartement en ville lorsque j'ai reçu un mail. Une certaine Emma me proposait une enquête de journalisme expérimental sur l'application de rencontres en ligne Tinder.

Le mot « expérimental » a attiré mon attention. Que pouvait-elle bien entendre par là ?

Emma avait inclus son numéro de téléphone. Cela signifiait qu'elle accordait de l'importance à sa demande, puisqu'on ne se parle directement que dans des occasions spéciales. Après quelques échanges par mail, nous sommes convenues d'un rendez-vous téléphonique.

– Allô ? a dit Emma.

Elle m'a expliqué qu'en tant que rédactrice en chef elle passait le plus clair de son temps en ligne. Elle n'était pas très douée pour lvv, La Vraie Vie. Le téléphone, pour elle, c'était très lvv.

Je lui ai demandé ce qu'elle voulait dire par le terme « expérimental ».

Emma a baissé la voix :

– Je veux que vous nous disiez toute la vérité sur Tinder.

La vérité ? C'était ça qui était expérimental ?

Emma travaillait pour un magazine qui exaltait le sexe, les rencontres, le couple et la féminité. Or, être une femme, c'est aussi être prise dans les filets complexes de l'industrie de la romance, ceux qui vous poussent à croire au véritable amour, au mariage, à la maternité et à un lointain avenir de bonheur éternel. Ce fantasme se vend de mille et mille façons différentes, à travers des choses aussi variées que les séries télévisées, la lingerie et les pinces à épiler spéciales pour les narines. Nous achetons de la romance, et c'est bien dommage si ça ne nous fait pas de bien.

Pour cette raison, les chances étaient grandes qu'Emma veuille un article comme des millions d'autres : une histoire racontant que Tinder avait des hauts et des bas, mais qu'on y trouvait le bonheur au bout du chemin – c'est-à-dire que ça finissait par un mariage.

Tout le monde avait pourtant entendu parler de Tinder, même moi. D'abord, ce n'était pas vraiment une appli de rencontres romantiques, plutôt de coups d'un soir – un terme vague qui pouvait tout définir, depuis la soirée passée devant Netflix, assis sans se toucher sur le lit, jusqu'au sexe torride dans les toilettes. La réputation de Tinder n'avait rien de plaisant : les hommes étaient horribles. Ils envoyaient des photos de leurs queues, ils ne ressemblaient jamais à leurs portraits, ils mentaient sur tout, ils rencontraient une femme et ne la rappelaient jamais. Les femmes étaient jugées exclusivement sur leur physique, les hommes pouvaient passer la soirée en tête à tête avec elles penchés sur leurs écrans de téléphone, occupés à explorer frénétiquement l'appli pour chercher de nouvelles candidates. La litanie des plaintes était sans fin, jusqu'à la conclusion : de toute façon, les hommes ne voulaient qu'une chose, qu'on leur taille une pipe.

Merci bien, mais non.

– S'il vous plaît ? a supplié Emma.

– Mais pourquoi ?

– Parce que…, a murmuré Emma, j'ai des amies… Et Tinder est en train de détruire leur vie. Il faut que vous les aidiez.

Je n'étais pas sûre de pouvoir le faire. Il y avait très longtemps que je n'avais pas écrit un vrai « reportage » journalistique. Mais je n'avais jamais oublié la règle d'or : entrer dans le sujet avec l'esprit ouvert. Ne pas décider de ce que sera l'histoire avant de l'écrire.

– Et qu'est-ce qui se passe si je trouve que, finalement, Tinder n'est pas si mal que ça ? Si ça me plaît ?

Emma a fait le bruit de quelqu'un qui s'étouffe, puis elle a laissé échapper un petit rire grinçant, et elle a raccroché.

J'ai téléchargé l'application Tinder et j'ai cliqué sur l'icône pour l'ouvrir.

La vraie question, c'est l'argent

La première chose qui m'a frappée, c'est que, même si Tinder est une appli ostensiblement inventée pour le sexe, en réalité c'est plutôt d'argent qu'il s'agit. Pour pouvoir m'inscrire, j'ai tout de suite été harponnée : il m'a fallu accepter de payer quatre-vingt-dix-neuf dollars par an pour le reste de ma vie. Ça m'a un peu énervée, parce que ça signifiait qu'une fois l'expérience Tinder terminée, il allait falloir que j'imagine un moyen de me désinscrire, sous peine d'être débitée *ad vitam aeternam*.

Ensuite, il y a eu le lien Facebook. Je n'y suis pas de façon régulière, alors l'application s'est connectée par défaut sur un vieux compte inutilisé, et tout à coup j'ai vu apparaître une photo de moi. Prise dix ans plus tôt, naturellement. Avec un miniprofil fournissant des informations telles que mon prénom et, oui, mon âge.

Bon, déjà, ça commençait mal. Tinder est censée favoriser les rencontres. Qui a envie de rencontrer une femme de plus de cinquante ans ?

Deux hommes exactement, tous les deux fumeurs et ayant dépassé la soixantaine.

Ça n'allait jamais marcher. Comme j'étais moi-même un vieux machin, je n'avais aucune envie de rencontrer d'autres vieux machins. Qu'est-ce qu'il y avait de nouveau là-dedans ?

En scrutant mon profil de plus près, j'ai découvert que Tinder avait automatiquement ajusté les réglages pour l'âge des candidats en fonction de ce que j'étais supposée rechercher : des hommes entre cinquante-cinq et soixante-dix ans. Ça aussi, ça m'a énervée. Tinder se montrait sexiste en supposant que, la cinquantaine venue, je souhaitais me limiter aux hommes d'âge convenable, c'est-à-dire plus âgés.

Pour me venger, j'ai modifié la fourchette d'âge en la plaçant entre vingt-deux et vingt-huit ans.

Et là, très vite, j'ai appelé Kitty.

– Dis, je n'arrive même pas à swiper assez rapidement. C'est normal d'attirer tous ces mecs ? Qui aurait pu deviner que tant de jeunes étaient intéressés par l'idée d'un rancard avec une femme qui pourrait être leur mère ?

Et après, qu'est-ce que je devais faire ?

Naturellement, chez les femmes de mon âge, personne n'en avait la moindre idée. Elles n'en savaient pas plus que moi, et ce qu'elles savaient se résumait à ceci, que j'avais déjà entendu : Tinder est une application où les femmes rencontraient des hommes, leur taillaient une pipe, et n'entendaient plus jamais parler d'eux.

Les photos des prétendants amateurs de sexe oral étaient présentées sur des cartes à jouer, sans doute pour souligner le fait que tout ceci n'était qu'un jeu, conçu pour que les utilisateurs passent le plus de temps possible sur l'appli.

J'ai commencé à appuyer sur le bouton *Like*. À chaque fois, un bidule apparaissait en haut de l'écran pour m'informer que j'avais réussi un « match ! » Youpi ! C'était marrant. C'était même excitant. Je ne savais pas exactement ce que ça voulait dire, mais je faisais des « matchs ».

Quelques secondes plus tard, j'ai compris. Je recevais des messages.

J'ai commencé à les lire.

Vous avez un rapport avec Sex and the City *?*

Vous êtes vraiment Candace Bushnell ?

Qu'est-ce que je pouvais répondre ? Oui.

Bing ! La réponse a été immédiate.

Vous êtes trop bien pour cette appli.

C'était réconfortant. Ces hommes ne me connaissaient pas, mais ils avaient déjà leur opinion à mon sujet. J'étais trop bien pour cette appli. Oui. Oui, c'était clair.

Mais tout ça m'inquiétait aussi. Si cette appli était si nulle, pourquoi tout le monde l'utilisait-il ? Et pourquoi les utilisateurs masculins disaient-ils qu'elle était nulle ? Est-ce qu'ils n'avaient pas intérêt à dire au contraire que c'était génial pour mettre toutes les chances de leur côté ?

Ces hommes qu'on rencontrait sur Tinder n'étaient peut-être pas tellement futés ?

J'ai reçu un long message d'un certain Jude. Il racontait en détail que nous avions un ami en commun sur Facebook, un nommé Bobby, et que ce type était un vrai blaireau. Jude m'expliquait qu'il avait une gueule de bois terrible et concluait son message par : *Essayer de rencontrer des gens sur Tinder quand tout le monde sait qui vous êtes, ça craint.*

Certes, Jude, ai-je pensé. Potentiellement, ça craint. C'est tellement attentionné de votre part d'y penser pour moi.

Je lui ai répondu : *Quel Bobby ?*

J'ai examiné les photos de Jude de plus près. Celle qui m'avait plu montrait un brun à la barbe hirsute, portant des lunettes rondes, et dont le sourire intelligent et malicieux éclairait son visage comme s'il trouvait très drôle de ressembler à Snoopy, en beaucoup plus mignon. J'ai fait défiler les autres photos ; sur l'une, on le voyait jouer de la batterie. Il habitait Brooklyn, faisait partie d'un groupe et se trouvait donc, du moins je le supposais, hors de ma portée.

Mais après tout, qu'est-ce que j'en savais ?

Rêves au champagne

C'est comme ça qu'un mercredi soir Emma et moi avons organisé une table ronde de Tinderellas – ces jeunes Cendrillons d'aujourd'hui qui espèrent trouver l'amour sur Tinder – dans mon appartement. Les âges, en comptant Emma, variaient de vingt-deux ans pour les plus jeunes à trente-trois ans, autrement dit la génération du millénaire.

Comme la plupart des jeunes femmes que je côtoie, celles-ci étaient impressionnantes, dotées d'un esprit indépendant et d'un grand sens du style. Leurs carrières comptaient beaucoup pour elles et elles y prenaient plaisir.

J'ai versé le champagne et fait circuler mon téléphone. Aussitôt, elles se sont lancées dans l'analyse du profil des hommes qui m'avaient répondu.

– Ooooh. Regardez celui-là. Emerson College. Il est mignon, a soupiré Hannah.

– Je ne pense pas que ce serait très correct de ma part de sortir avec un étudiant, ai-je dit. Qu'est-ce que vous pensez de ce garçon qui me dit que je suis trop bien pour une appli de rencontres ?

C'était une ruse, m'a expliqué Elisa.

– Ils disent tous que vous êtes trop bien ou trop jolie pour Tinder. C'est une réplique standard.

– Et Jude ?

Toutes les filles ont levé les yeux au ciel. Apparemment, les messages de Jude étaient trop longs.

– Sur Tinder, ou ils ne répondent pas, ou ils vous écrivent des romans.

– Mais s'ils communiquent, c'est plutôt positif, non ? ai-je demandé.

Non, ça ne l'était pas, parce que s'ils communiquent « c'est uniquement pour parler d'eux-mêmes ». J'ai insisté :

– Et vous pensez que ça existe, un homme qui ne parle pas uniquement de lui-même, qui n'est pas obsédé par sa propre personne ?

La réponse a été un non collectif retentissant.

Marion avait une question à poser :

– Comment s'y prendre avec des hommes totalement égocentriques ? Faut-il l'accepter comme un fait et être satisfaite si un type fait semblant de s'intéresser à nous deux secondes d'affilée ?

Emma a pris la parole. Elle était la seule du groupe, non seulement à ne pas être célibataire, mais même à être authentiquement mariée :

– J'ai l'impression que mon mari n'est pas tellement centré sur lui-même, mais que moi, en revanche, je le suis. Je parle de moi, et de temps en temps je lui demande comment s'est passée sa journée. Du coup, les choses s'équilibrent. Il faut que vous soyez aussi égocentriques qu'eux, parce que dans un couple, c'est chacun pour soi. De cette façon, vous pouvez vous inté-resser surtout à vous-mêmes, et aussi un peu à l'autre.

J'ai éclaté de rire.

– Si cette phrase-là avait été rendue publique il y a dix ans, tout le monde aurait dit : « Voyez donc ces princesses égoïstes, voilà pourquoi elles ne rencontreront jamais personne. »

– Mais justement, elle a rencontré quelqu'un, a fait remarquer Elisa.

Aha, ai-je pensé. C'est un signe que certaines choses ont changé dans le bon sens. Les femmes peuvent s'ex-primer en toute liberté et attirer les hommes quand même.

Mais Emma avait-elle rencontré son mari sur Tinder ?

Non, pas du tout.

Comme le champagne continuait de couler à flots, mes invitées ont dit tout le mal qu'elles pensaient de Tinder.

– Trouver un mec sur Tinder, c'est à peu près aussi drôle que de chercher un appartement : on crève d'ennui, a déclaré Gena.

– Tous les mecs de vingt ans et quelque sont sous anxiolytiques, ou ils voient un psy qui leur a diagnosti-qué quelque chose de gênant.

– Oui, c'est genre : « Je ne peux pas répondre à ton message à cause de mon hyperactivité. »

– Mais quand ça fonctionne bien avec quelqu'un par SMS, c'est génial parce que c'est tellement rare, a dit Corina. Un mec qui sait échanger par textos, moi, je trouve ça hyperséduisant. J'adore qu'on puisse prendre son temps.

– Ah non, moi ça m'horripilerait, a dit Gena. Si quelqu'un matche, je lui demande tout de suite quand on peut se voir. Je ne vais pas faire durer indéfiniment les messages, je trouve que c'est un truc pour les très jeunes.

– Comme les réponses sous forme de GIF.

– Ah, mais moi j'aime bien les GIF, a protesté Corina, qui a vingt-deux ans.

– Les GIF, c'est un truc de génération, m'a expliqué Emma. C'est comme quand votre grand-mère vous dit qu'elle ne connaît pas les émoticônes. Moi, je ne connais pas les réponses GIF.

– Bon, mais tout ça, ça mène quand même à quelque chose ? ai-je demandé. Ça finit bien par un rendez-vous ?

Marion a pouffé de rire.

– Un rendez-vous ? Pffft !

– Moi, j'ai vu des hommes m'emmener jusqu'aux distributeurs automatiques, a dit Corina. Pour moi, ça, c'est déjà une « sortie ». Ou bien je les suis pendant qu'ils font leurs courses. Je les accompagne quand ils vont chercher leurs fringues chez le teinturier.

– Une fois, un mec m'a proposé de le retrouver dans un restaurant à huit heures. J'étais ravie. J'ai pensé : Enfin quelqu'un qui sait organiser sa soirée. Mais au final, il voulait seulement passer au restaurant pour pisser, et après nous sommes allés au Starbucks où nous n'avons même pas pris un café. Alors, on s'est fait jeter dehors, a raconté Hannah.

Gena a levé les yeux au ciel.

– Je parie que ce mec habitait encore chez sa mère.

Comme j'appartenais à la génération des vieux, il

fallait que je pose la question : si les applis de rencontres ne donnent rien, si les hommes qu'on y croise n'ont aucun intérêt, pourquoi ne pas revenir aux anciennes méthodes ? Se mettre à fréquenter les bars ?

On peut parler ?

– Le problème, quand on va dans les bars, c'est qu'on ne rencontre pas grand monde non plus. J'y ai passé des années et je n'ai connu que deux hommes avec qui j'ai accroché assez pour passer la nuit. Bon, peut-être quatre, mais pas plus, a dit Gena.

Peut-être, mais essayer de trouver quelqu'un en ligne présente aussi des difficultés, surtout quand il s'agit de passer à l'étape suivante et de se voir dans la vraie vie.

– Il y a des tas de garçons que je croise en ligne et que je ne trouve pas assez mignons pour être séduisants, mais si je les croisais en vrai, je sais qu'ils me plairaient, a dit Hannah. Quand on voit quelqu'un dans la vie, on a une perception de l'humain qui est devant soi. En ligne, ça n'existe pas.

Brusquement, l'atmosphère s'est tendue, comme si quelque chose de politiquement incorrect avait été lancé. Un silence est passé, interrompu par Emma.

– Ce que tu veux dire, c'est que tu préfères rencontrer les gens dans la vie réelle ? Si tu pouvais, tu rencontrerais tout le monde comme ça ?

Emma n'avait pas l'air de croire que ce soit possible.

– Je ne veux pas dire qu'Internet n'est pas utile, a

expliqué Hannah, mais que le manque de contexte mène généralement à des déceptions. Tu peux très bien regarder six photos super d'un garçon, mais tu ne sauras pas s'il peut y avoir la moindre étincelle entre vous lorsque vous vous retrouverez face à face.

Ou le moindre sentiment.

– Si tu t'inscris sur Tinder en pensant : Je veux des histoires d'un soir, alors tout va bien, a conclu Corina. Tu peux sentir que tu domines la situation. Mais à la seconde où tu commences à éprouver des sentiments, alors là, c'est le grand n'importe quoi.

– Les ados parlent de crush, a ajouté Emma. Si t'as un crush, t'es mort. C'est la génération qui nous suit. Pour eux, c'est encore plus difficile que pour nous.

– Mais moi, j'aime bien éprouver des sentiments pour les gens avec qui je fais l'amour, a dit Marion.

– Et si c'est réciproque, c'est quand même là que c'est le meilleur, a approuvé Hannah.

– Vous voulez dire : être amoureux, c'est ça ? ai-je demandé.

Même pas.

– Nous parlons seulement d'un niveau de sentiment basique, genre, je ne veux pas que tu rencontres mes parents, je n'ai pas besoin que tu deviennes mon référent en cas d'urgence, je veux simplement que tu te soucies de moi un tout petit peu, a précisé Corina.

– Être un peu attentionné, c'est la première qualité recherchée chez les hommes, maintenant, a dit Emma. S'il n'est pas un tueur en série psychopathe, c'est gagné, il est le meilleur.

– Attentionné, ça veut aussi dire ouvert et honnête,

mais pas du genre « pour moi, seule la transparence absolue entre les êtres compte ». Si je lui donne six sur dix et qu'il est capable de communiquer, je couche avec lui, a dit Hannah.

– On n'en demande pas tant, en fait, juste que ce soit un être humain, a conclu Marion.

Hannah s'est tournée vers moi, l'air un peu mélancolique.

– Comment c'était, quand vous étiez jeune ?

Une promenade dans Central Park

Si l'on comparait avec ce que je venais d'entendre, il y a trente ans on s'amusait vraiment bien dans les jeux de séduction. Fallait-il parler à ces jeunes femmes des balades en hélicoptère ? Des longs dîners romantiques au Ritz, à Paris ? Des yachts ? Des gondoles à Venise ?

J'ai jeté un coup d'œil autour de moi, un peu mal à l'aise. Il vaut mieux faire simple, ai-je pensé en remplissant ma coupe de champagne. Prudemment, je me suis lancée.

– Alors, voilà. Habituellement, quand on rencontrait un homme, on commençait par échanger nos numéros de téléphone. Puis on se séparait et, quelques jours plus tard, vous receviez un appel sur votre ligne fixe. Vous commenciez à bavarder, ça pouvait durer longtemps si le type avait de l'humour. Ensuite, il vous proposait de sortir dîner. Mais parfois, si durant cette première conversation vous accrochiez vraiment, vous pouviez la prolonger pendant une heure. Du coup, quand venait le moment de ce premier rendez-vous, vous aviez vraiment envie de revoir l'homme en question. Et lui aussi avait envie de vous retrouver…

– Mais qu'est-ce que vous faisiez pendant votre premier rendez-vous ? a demandé Marion en m'interrompant.

– On allait dîner quelque part. On parlait. On discutait. Et après le dîner, si la nuit était belle, ou s'il neigeait, on pouvait prolonger la soirée par une promenade dans Central Park.

– Oh, mon Dieu, a chuchoté Emma.

J'étais gênée.

– Oui, je sais, ça paraît ridicule…

– Je ne trouve pas ça ridicule du tout, a protesté Corina. Je trouve ça follement séduisant au contraire.

J'ai éclaté de rire en me demandant si elle se moquait de moi. Était-elle sincère, cette nostalgie d'une époque d'avant Tinder ? Emma a jeté un regard sérieux sur ses amies.

– Toutes les femmes de notre génération rêveraient de vivre ce genre de relations amoureuses, mais nous savons bien que ce n'est pas réaliste d'en attendre tant.

– Quand même, a dit Corina d'un air plein d'espoir, j'aime bien cette idée d'aller se promener avec un homme.

Hannah a soupiré.

– Je l'ai fait une fois et je m'en souviens encore, genre : Hé, j'ai rencontré un garçon et on est allés se promener au parc. C'est la chose la plus romantique qui me soit arrivée de ma vie.

Dix minutes plus tard, je refermais la porte sur mes invitées. Emma avait raison, pensais-je en ramassant les verres. Tinder est mauvais pour la santé. Rien que d'en parler, ça me déprimait.

Le lendemain, je me suis préparée au pire avant de cliquer sur mon profil. Elles étaient là : ces vagues roses magiques auréolant mon visage, pareil à celui d'une princesse dotée de superpouvoirs dans un film de Walt Disney. Comme elles étaient rassurantes ! Et bingo ! Ça marchait ! En deux secondes, j'avais chopé un homme. Un type sexy, musclé, qui disait s'appeler Dave.

Il me plaisait.

Prête à continuer à jouer ? m'a demandé Tinder.

Direct.

C'était comme le casino à Las Vegas.

Publicité mensongère

Et voilà : je ne pouvais plus arrêter de jouer. Ni d'en parler autour de moi.

– On peut raconter ce qu'on veut sur Tinder, la vérité, c'est que je n'ai jamais vu autant d'hommes s'intéresser à moi. En tout cas, pas depuis des lustres. Et ils disent des choses agréables à entendre comme « vous avez de jolis yeux ».

Aux objections, je répondais :

– Qu'est-ce que ça peut faire si ce n'est pas sincère ? Aucun homme ne m'a fait un compliment pareil depuis des années.

Les femmes qui m'entouraient tombaient toujours d'accord avec moi, en particulier celles qui avaient été mariées et venaient de divorcer, ou qui avaient entamé la procédure. Celles-là contemplaient mes matchs sur Tinder avec envie, avant de retourner en soupirant à leurs échanges de courriers acrimonieux avec des ex-conjoints butés, au sujet de la garde des ados pour le week-end.

Au Village, Kitty et moi avons examiné mes prétendants. Comme autrefois, quand nous avions vingt ans et que nous étions fauchées, nous passions des heures à parler des hommes et à les disséquer comme s'ils pouvaient détenir toutes les réponses.

— Tu as toujours été mignonne, a déclaré Kitty, mais tu n'as jamais eu autant de prétendants à la fois. Même à vingt-cinq ans.

— Je sais. Et ils sont tous si jeunes. Il doit y avoir quelque chose qui cloche.

— Montre-moi ton téléphone ?

Elle a examiné mon profil et a éclaté de rire.

— Ha ! Je comprends ! Tu as là les quatre meilleures photos de toi que j'ai vues de ma vie !

J'ai sursauté.

— Des photos ? Quelles photos ?

Je croyais n'en avoir choisi qu'une. J'ai repris mon téléphone.

Saloperie de Tinder. Quelles autres informations avaient-ils sur moi ? Et comment avaient-ils obtenu ces images ?

Kitty avait raison. Il y avait trois autres photos sur

mon profil, prises il y a bien longtemps au cours d'une séance professionnelle, avec coiffeur et maquilleuse. Je savais qu'elles avaient été tirées de mon compte Facebook ou Instagram, mais pourquoi celles-là ? Pourquoi des photos de moi plus jeune ? Qu'est-ce qui clochait avec les plus récentes ?

La plupart de mes photos actuelles montrent une femme souriante mais ayant clairement dépassé la cinquantaine, une femme qui pourrait être une mère élégante. Est-ce que quelqu'un, chez Tinder, une vraie personne, avait délibérément choisi ces photos de jeunesse, ou bien était-ce un algorithme mystérieux, capable de repérer les images les plus mathématiquement attirantes, qui s'en était chargé ?

Tinder m'avait-il fabriqué un moi factice ?

Cela voulait dire que même avant mon premier rendez-vous, j'étais déjà coupable de publicité mensongère. J'étais comme ces utilisatrices qui se font plus grandes, avec un plus gros tour de poitrine, et plus séduisantes, plus riches, plus glamour, plus cultivées, qui s'inventent des voyages, une meilleure carrière, de meilleures relations. Et surtout, qui se disent plus jeunes qu'elles ne sont.

– Et maintenant, qu'est-ce que tu vas faire ? m'a demandé Kitty.

J'ai regardé mes réponses en gémissant. Richard, vingt-huit ans, était mignon, mais il avait l'air content de lui et plein de mépris pour les autres. Chris, vingt-cinq ans, était adorable, travaillait au *New York Times* dans le service technique, mais il donnait l'impression de sortir à peine de l'université. Je suis vite passée à Jude, trente et un ans.

– Et lui, qu'est-ce que tu en penses ? m'a demandé Kitty.

– Il habite Brooklyn. Et il joue dans un groupe. C'est un cliché ambulant, non ?

– Et alors ? Il t'emmènera peut-être dans des clubs sympas de Brooklyn. Ça te ferait du bien.

Choisir Jude

Ça ne pouvait pas être un autre que Jude, je l'ai compris quelques jours plus tard en me préparant pour mon premier, et j'espérais unique, rendez-vous Tinder.

J'ai remonté la fermeture Éclair de ma robe en pensant à la manière dont Jude avait contredit dès le début tout ce que j'avais entendu sur les hommes qui fréquentaient les sites de rencontres. À commencer par : « Ils sont incapables de faire des projets. »

C'était faux. Jude savait s'organiser. Il n'avait pas fallu plus de six ou sept messages pour tomber d'accord sur notre lieu de rendez-vous : un restaurant de Lincoln Square où nous allions boire un verre.

« Ils t'envoient des photos de leurs queues. »

Pas du tout. Jude n'aurait pas pu se montrer plus respectueux. Après la première référence à sa gueule de bois, tous ses messages étaient corrects et sobres.

« Ça peut très bien être un tueur en série. »

J'avais étudié les photos de Jude des jours entiers,

cherchant des indices, et j'étais tout à fait sûre de lire une authentique bienveillance dans ses yeux. Toutes celles à qui j'avais montré les photos étaient d'accord pour le trouver séduisant et le qualifier de « vrai mec » ; je ne savais pas ce que ça signifiait, mais ça semblait positif. Cela dit, s'il était séduisant, il était sans doute aussi petit. Après tout, qui pouvait tomber sur un homme à la fois beau, charmant et grand dès le premier essai ?

C'est alors que j'ai vu : les cheveux noirs, la barbe, les yeux noirs luisants… Si Jude se révélait petit, il serait le sosie de Charles Manson.

Génial.

Une licorne sur Tinder

En me rendant à pied au restaurant, j'ai pensé que Jude était la première personne que je rencontrerais grâce à Internet. Même à mes yeux, ça paraissait incroyable. Comment était-ce possible à une époque où la moitié des mariages trouvent leur point de départ sur un site de rencontres ?

Je me suis demandé aussitôt si mon histoire avec Tinder pouvait devenir l'exception qui confirme la règle : deux parfaits étrangers entrent en contact sur le site et finissent leur vie ensemble…

Nooooon.

Je me suis rappelée à l'ordre : cette entrevue entrait dans une démarche de pure recherche en vue d'un article. Il n'était pas question de sexe, Jude ne deviendrait pas mon boy-friend, et jamais il ne serait question de relation de longue durée dans un avenir proche ou lointain.

Je suis entrée dans le restaurant et j'ai regardé autour de moi. Personne ne montrait la plus légère ressemblance avec Jude, mais au fond, qu'est-ce que je savais de lui ? Tout le monde m'avait prévenue que personne ne ressemblait de près ou de loin à sa photo de profil.

J'ai remarqué un type vêtu d'une chemise et d'un pantalon foncés.

Est-ce que ça pouvait être lui ? Il n'avait pas l'air de chercher quelqu'un, mais il semblait installé pour rester. Il était là, debout, appuyé contre un mur. Jude ferait-il ça, s'appuyer au mur sans bouger ? Je me suis approchée.

– C'est vous, Jude ?

Il m'a regardée comme si j'étais un détritus collé à sa semelle.

– Non, a-t-il répondu sèchement.

J'ai reculé et me suis repliée au bar.

J'ai pris un siège à côté d'une femme qui me tournait le dos, commandé un verre de vin blanc avec des glaçons à part.

Et si Jude ne venait pas ?

Mais si, il allait venir. Tout le monde m'avait rassurée sur ce point. Parce que sur Tinder, quand on se donnait du mal pour organiser un rendez-vous, on avait tendance à l'honorer. Donc, de ce côté-là au moins, je n'avais rien à craindre.

Mais brusquement je me suis redressée en tendant l'oreille.

La femme qui faisait face à ma voisine s'était mise à parler. Très fort.

Elle disait des horreurs sur les hommes.

J'ai pivoté sur mon tabouret.

J'en ai entendu au cours de ma vie, des horreurs sur les hommes, mais là, c'était différent. Le vitriol. L'amertume. La rage à l'état pur. J'ai appuyé sur la touche *Enregistrer* de mon téléphone que j'ai fait discrètement glisser vers elle, sur le bar.

Elle s'est tue tout de suite. J'ai repris mon téléphone, annulé l'enregistrement.

– Je vous demande pardon ? m'a-t-elle dit d'une voix doucereuse qui s'entendait de loin.

Hum.

– J'ai remarqué qu'au moment où nous avons commencé à bavarder, vous avez bricolé quelque chose sur votre téléphone et que vous l'avez posé près de nous. Et maintenant, vous venez de le ranger. Vous m'avez enregistrée ?

Et merde.

– Oui, c'est vrai, ai-je admis.

J'ai inventé une histoire pour expliquer que, venant faire une interview à propos de Tinder, je voulais vérifier que la fonction enregistrement de mon téléphone fonctionnait bien.

– Tinder, c'est nul ! a-t-elle rugi. C'est pire que tout ! Je n'y vais que quand j'ai envie d'un verre gratuit, et même ça, très souvent, je ne réussis pas à l'obtenir !

Mais moi, de toute évidence, j'y réussissais, parce

que Jude venait d'arriver. Et laissez-moi vous dire qu'il était bien mieux et bien plus grand qu'il n'en avait l'air en photo.

Avais-je découvert une licorne Tinder ?

Des pipes et encore des pipes

Presque tout de suite, et en cela il ne déviait pas du modèle, Jude s'est mis à m'expliquer que Tinder, c'était vraiment affreux, puisqu'on n'y trouvait que des hommes en quête de sexe facile.

– Mais quel genre de sexe ? ai-je demandé.

– Des pipes, a-t-il dit d'un ton sinistre.

– Et le cunnilingus, alors ?

Il a secoué la tête.

– Certaines femmes n'aiment pas ça. Et de toute façon, le propos de Tinder, c'est que l'homme prenne son pied. Aussi vite et aussi facilement que possible.

– Mais enfin, tous les hommes ne sont pas comme ça ?

Il n'a rien dit.

– Vous, vous êtes comme ça ?

Gêné, il s'est passé une main dans les cheveux.

J'ai pensé que si Jude avait été « comme ça » lui aussi, il faisait des efforts pour changer. C'était sans doute la raison pour laquelle il avait accepté de me rencontrer.

Jude a commandé une bière et s'est lancé dans le récit de son histoire avec son ex.

Évidemment, c'était une histoire triste. Jude semblait

vraiment beaucoup l'aimer, cette fille. Ils étaient restés ensemble un an, elle avait son âge et réussissait très bien dans le milieu de la musique. Elle avait un succès fou, m'a-t-il confié.

Mais Jude aussi avait sa carrière. Avec son groupe, il venait de passer trois mois en tournée dans toute l'Europe, à Berlin par exemple. Il gagnait de l'argent.

– Je suis un peu tenté de m'installer à Berlin, a-t-il annoncé en baissant la tête timidement.

J'en étais à la moitié de mon verre de vin et je me sentais déjà plus détendue.

– Mais non, vous n'allez pas vous installer à Berlin, lui ai-je affirmé pour le rassurer.

– Et pourquoi pas ?

– Parce que c'est idiot. Une perte de temps. Il vaut beaucoup mieux continuer à développer ce que vous avez commencé ici. Ne vous inquiétez pas, ça va marcher.

J'avais presque envie de lui tapoter la main.

Mais tout n'allait pas forcément marcher. Jude a révélé que sa famille n'était pas idéale. Il pensait que son père était bipolaire. Son oncle s'était suicidé. Et sa grand-mère n'arrêtait pas de jurer que tout allait pour le mieux.

– Je parle de maladies mentales non diagnostiquées pendant des années et des années, a-t-il soupiré.

Ma récente conversation avec les Tinderellas m'est revenue à l'esprit.

Jude m'a promis qu'il allait bien et, sentant peut-être qu'il en avait trop dit, il a changé de sujet. Il s'est mis à me raconter son dernier voyage à Berlin. Il a fait la liste des drogues qu'il avait consommées pendant trois jours d'affilée. J'ai eu envie de lui rappeler que faire usage de drogues dans un pays étranger était généralement une très mauvaise idée, mais je ne voulais pas lui parler comme si j'étais sa mère.

J'ai donc remis habilement Tinder sur le tapis. Jude m'a fait remarquer que le site était truqué au désavantage des femmes, parce qu'il était sorti de l'esprit sexiste d'hommes ne souhaitant qu'une chose : augmenter leurs chances de tirer un coup.

– Tout ce qui les intéresse, c'est : « Qu'est-ce que vous pouvez faire pour moi ? » Les femmes sont des objets, rien d'autre. Parce que tout se passe sur un écran, vous comprenez ? Alors, tout devient irréel. On peut prendre n'importe quelle image d'une femme et lui faire tout ce qu'on veut dans sa tête.

Nous avons parlé du regard des hommes, de ce qu'il avait de prédateur. De la façon dont Tinder faisait apparaître le pire en eux en les réduisant à leurs instincts les plus basiques.

L'affreuse vérité

Le lendemain matin, je me suis réveillée en proie à une terrible gueule de bois émotionnelle.

En me brossant les dents, je me suis sentie inquiète pour Jude.

Ça n'avait aucun sens. Pourquoi serais-je inquiète pour lui ? Après tout, avec Tinder il ne pouvait être question de sentiments, ni d'un côté ni de l'autre. Pourquoi m'en faire ?

Pourtant, Jude m'avait confié beaucoup de choses sur lui et sur sa vie, et je me faisais un peu de souci. Je savais que je n'allais jamais le revoir, mais quand même. Je souhaitais que les choses se passent bien pour lui, parce qu'il s'était montré prévenant alors qu'il aurait pu être tout simplement infect.

Et c'était là que ça clochait, ai-je enfin compris. J'avais fait sur Tinder une expérience positive.

L'autodénigrement masculin : un puits sans fond

Mais pourquoi Jude était-il si négatif quand il parlait des hommes ? me suis-je demandé.

J'ai appelé mon ami Sam. Sam, vingt-cinq ans, me dirait la vérité.

– C'qu'y a ? m'a-t-il demandé.

J'ai récapitulé rapidement mon rendez-vous.

– Jude, que je viens de rencontrer sur Tinder, m'a dit tellement d'horreurs sur les hommes qui utilisent ces sites. Toi aussi, tu es souvent sur cette appli, ai-je continué d'un ton vaguement accusateur. Est-ce que c'est vrai, ce qu'il raconte ?

– Hum. Tu es sûre que tu veux savoir ?

Trente minutes plus tard, Sam faisait les cent pas dans mon salon, empoignant ses cheveux attachés en chignon.

– S'il y a une chose que tous les hommes savent, c'est bien ça : les hommes sont stupides. Ils se laissent gouverner par leur gland. Et si ça s'appelle comme ça, c'est pour une bonne raison. Consciemment, les hommes savent très bien qu'ils ne devraient pas laisser à leur pénis la responsabilité de prendre les décisions. Mais ils le font quand même.

– Mais pourquoi ?

– Parce que si tu es un homme aujourd'hui, c'est comme ça. Tu n'as pas le choix. Dès tes douze ans, on te flanque de la pornographie hard-core sous le nez, que tu le veuilles ou non. Et c'est pareil avec Tinder. Même si tu ne veux pas, tu deviens accro. Si tu es un type dans mon genre, tu sais que Tinder est conçu pour se nourrir de la part la plus noire de ton âme. La part qui, en secret, rêve d'être au jury d'un concours de beauté.

– C'est vrai ?

– Et c'est pour ça que ces types ne peuvent pas s'arrêter de faire défiler des photos de filles. Tout est dans le chiffre. Tu swipes à gauche juste pour voir ce qui va venir après. En plus, c'est essentiellement anonyme, jusqu'au moment où tu fais un commentaire qui va animer tes photos. Si la fille te répond, c'est comme si elle avait déjà accepté de finir au lit avec toi. Alors, tu continues, photo après photo. Et tu deviens un chien. Un chien ! a répété Sam entre ses dents. Quand je pense à mes sœurs…

Je me suis souvenue de la formule de Marion, qui ne demandait rien de plus à un homme que de se montrer un peu humain.

– Donc, tu dis que tous les hommes sur Tinder sont des blaireaux ?

– Pas tous les hommes, non. Pas moi. Mais la plupart, oui.

– Quel pourcentage ?

L'air coupable, Sam a haussé les épaules.

– Quatre-vingt-dix pour cent ?

Tinder était peut-être une application faite pour les gens qui se haïssaient eux-mêmes ? Était-ce pour cette raison que les hommes se montraient si négatifs dans leurs jugements ? Tinder serait donc fait pour donner aux hommes une piètre opinion d'eux-mêmes et de leurs semblables ?

Invisible ?

Ce soir-là, Sassy est venue du Village jusqu'à Manhattan pour me retrouver dans ce qui était supposé être un bar sympa pour célibataires, dans un hôtel de Park Avenue. En arrivant, j'ai eu un instant de stupeur : le bar était bondé d'hommes de mon âge, très séduisants.

J'ai rejoint Sassy au bar. Un homme élégant, aux cheveux poivre et sel, nous plaisait particulièrement. Nous avons décidé d'essayer d'attirer son attention à l'ancienne : en croisant son regard.

Tu parles. Nous ne pouvions même pas croiser le regard de la barmaid. Et j'avais vraiment besoin d'un verre de vin blanc.

– Ou nous sommes vieilles, ou nous sommes devenues invisibles, ai-je gémi. Bon, je sais que nous sommes vieilles, pourtant les gens nous remarquaient quand même dans la vie courante, avant.

Christie, une amie de Sassy, est entrée. Elle avait tout

juste quarante ans, mais comme beaucoup de femmes à New York, elle en paraissait dix ou quinze de moins, avec une peau de pêche et des dents parfaites.

Elle qui avait toujours été célibataire allait peut-être pouvoir nous expliquer la situation ? Je lui ai posé la question :

– Christie, tu es superbe, tu es jeune, tu es parfaite. Est-ce que c'est nous, Sassy et moi, ou est-ce que les hommes ont cessé de regarder les femmes dans les bars ?

Aujourd'hui nous sommes des biens de consommation

Tout en faisant signe à la barmaid, Christie est partie d'un rire nerveux.

– C'est vrai. Les hommes ne regardent plus les femmes dans les bars. C'est fini, ça. Il y a très peu d'interactions dans la vie réelle, a-t-elle conclu en commandant nos vins blancs. C'est comme ça, à notre époque.

Sassy et moi avons hoché la tête. C'était clair, nous ne connaissions plus les règles du jeu.

– J'ai tout essayé, a repris Christie. Je suis sur tous les sites de rencontres : Tinder. Match. Plenty of Fish. Bumble. J'ai même pris rendez-vous dans une agence matrimoniale. Comme on ne sait pas ce qui peut marcher, il faut continuer à planter des graines partout.

Avait-elle obtenu des résultats ?

– J'ai rencontré des hommes vraiment intéressants, mais je ne plais jamais à ceux qui me plaisent. Parfois, je me demande s'il y a un truc qui cloche chez moi. Si seulement je pouvais l'identifier, ce serait plus facile de trouver quelqu'un. Je pense…, a-t-elle dit en baissant le ton, je pense que je devrais me vendre un peu mieux. Parce que personne n'a envie de m'acheter.

Sassy, qui sirotait pensivement son vin blanc, a demandé :

– Mais tu es vraiment un bien de consommation qui doit être acheté ?

– Oui, absolument. Et il faut que je refasse le packaging. Mais tu sais, est-ce que ce n'est pas la même chose pour tout le monde ? a demandé Christie en jetant un regard autour d'elle. Même dans une relation amicale, nous sommes des biens de consommation. Tu vois, j'adore ma vie telle qu'elle est, j'adore mon job, j'adore mes amis, a-t-elle continué. Mais je veux ce truc en plus. C'est la seule chose qui me manque. C'est peut-être parce que je n'ai jamais connu ça, une relation de couple, mais je veux cette pièce du puzzle que je n'ai pas.

Jouer, encore

En m'installant à mon bureau pour écrire, j'ai pensé : aussi longtemps que les femmes voudront des hommes dans leur vie et aussi longtemps qu'elles auront des chances d'en trouver un, même si les dés sont pipés à leur désavantage, elles continueront à jouer.

J'ai soumis le sujet à de très jeunes gens – trop jeunes pour boire dans les bars, trop jeunes pour voter, et même trop jeunes pour aller sur des applications comme Tinder.

– À la minute où j'ai rompu avec mon copain, j'ai rouvert mon compte Tinder, parce qu'il m'avait obligée à supprimer mon profil quand j'étais avec lui, m'a dit une fille de seize ans. Et je me suis tout de suite sentie bien à nouveau. Tout le monde aimait mes photos.

– C'est grâce à l'attention, a ajouté son amie, dix-sept ans. L'attention des autres vous donne l'impression que tout est génial dans votre vie.

Elle s'est adossée à son fauteuil, son verre de *latte* glacé à la main.

– Voilà ce que je pense : les réseaux sociaux fonctionnent comme une drogue. Je sais qu'à chaque *Like* que je reçois sur Instagram, mon corps est inondé d'endorphines.

La plus jeune m'a regardée droit dans les yeux.

– Sérieux : c'est très facile de choper en ligne. Et moi, j'aime bien que ça en reste là. Je ne veux rien de plus. Mais souvent le type insiste, alors moi, tout ce que je veux, c'est retourner sur Tinder, parce que ce qui est vraiment intéressant, c'est de se mettre en chasse.

C'est toujours Tinder qui gagne

Emma m'a appelée.

– Alors ? Tu as trouvé quelque chose à te mettre sous la dent ?

La formule m'a mise mal à l'aise. Elle m'a fait penser aux fast-foods avec leurs menus géants illustrés de photos de sandwiches alléchants.

Je me suis demandé si c'était ça, l'avenir de la rencontre amoureuse : il fallait rapporter quelque chose à se mettre sous la dent. Chacun deviendrait un plat à choisir sur un menu, comme le hamburger « préparé exactement comme vous l'aimez ».

J'étais encore plongée dans mes pensées quand Jude m'a envoyé un message. Il me proposait d'aller voir *Henry IV* à deux heures de l'après-midi, à la Brooklyn Academy of Music, le samedi suivant. Il avait déjà acheté les billets.

Je ne pouvais pas dire non.

Le samedi, par un froid polaire, j'ai pris un taxi en direction de Brooklyn. La course m'a délestée de trente dollars, mais ça ne me dérangeait pas. Jude avait payé les billets, qui coûtaient sans doute encore plus cher. Je me suis promis de lui rembourser le mien.

Je suis entrée dans le hall. Et là, comme la classique pauvre pomme à qui on a posé un lapin, j'ai entrepris de chercher un visage dans la foule. Les couples se formaient peu à peu. Restée seule, j'ai fini par comprendre que Jude ne viendrait pas.

Je lui ai envoyé un message.

Salut, je suis à la BAM. C pas le jour ?

Pour des raisons que je ne m'explique toujours pas aujourd'hui, j'ai conclu par : *Hi hi.*

Je ne m'attendais pas à avoir de ses nouvelles après ça, mais j'ai été surprise. Le même soir, j'ai reçu un message : *Oh merde complètement oublié l'heure. Je suis désolée. J'ai fini aux urgences hier soir.*

J'ai soupiré. Tiens, oui, évidemment. Pendant un moment, j'ai eu envie d'en savoir plus sur ses aventures aux urgences, mais ma curiosité a très vite passé. Et j'ai compris que moi aussi, j'avais été convertie par Tinder, parce qu'en fait ça ne m'intéressait déjà plus.

Jude, lui, n'était pas dans le même état d'esprit. Le lendemain, j'ai reçu un autre texto :

Salut désolé pour le SMS trop court d'hier. Je venais de rentrer chez moi et je n'avais aucune idée de l'heure mais j'ai trouvé une tonne de messages et d'appels manqués... Je suis tellement désolé d'avoir foutu en l'air notre après-midi ! Je comprendrais très bien si tu m'en voulais trop... j'étais une loque. Suis sorti l'autre soir et j'ai abusé côté alcool et drogues. J'étais complètement déchiré et apparemment j'ai voulu entrer dans une voiture qui n'était pas la mienne, les flics sont venus m'arrêter (ils m'ont même menotté) avant de m'envoyer aux urgences. Je pense qu'on a dû me donner des calmants parce que je suis resté inconscient 12 heures. Encore pardon. Je comptais tellement sur ce rendez-vous, je m'en veux à mort.

Je lui ai répondu : *Contente que ça aille mieux*, en concluant par un smiley.

Et j'ai éclaté de rire. Bien joué, Tinder. J'avais été brillamment flouée. Tinder, c'est la banque, et c'est toujours la banque qui gagne.

Une Russe m'explique la vie

J'étais dehors, sortie prendre l'air pendant un dîner de gala chez Cipriani, le restaurant chic aménagé dans une ancienne banque sur la 42e Rue, quand j'ai remarqué une femme, debout sur les marches entre les colonnades

Art déco. Elle était grande et mince, avait de très longs cheveux et était vêtue en guerrière d'une robe de cocktail ultramoulante et de hautes cuissardes en cuir souple.

Évidemment, je la regardais, subjuguée. Elle est venue vers moi.

– Vous avez du feu ? m'a-t-elle demandé.

Elle avait l'accent russe.

– Bien sûr.

Nous sommes restées un moment côte à côte en silence, occupées à regarder les un pour cent arriver et repartir dans leurs SUV et leurs limousines.

– Dites-moi quelque chose, ai-je demandé. Vous êtes sur Tinder ?

Elle a éclaté de rire.

– Bien sûr !

– Mais pourquoi ? Vous êtes très belle. Vous n'avez pas l'allure d'une femme qui a besoin d'une appli pour faire des rencontres.

Elle a acquiescé et m'a fait signe de venir plus près.

– Vous voulez que je vous dise le secrrret de Tinder ?

– Oui ?

– Quand vous y êtes, ça vous rapporte des tas de followers pour votre compte Instagram.

Je l'ai regardée.

– Vraiment ? C'est ça ? C'est pour Instagram ? Mais alors, et les femmes... qui s'inscrivent pour trouver quelqu'un avec qui débuter une relation ? Elles rencontrent des hommes, mais elles ne sont jamais invitées à un second rendez-vous ? Ou alors, elles plaisent à un type qui ne leur plaît pas ?

La fille s'est détournée.

– Pour ça, vous connaissez la réponse.

– Non, je ne la connais pas.

– C'est parce que les femmes ne changent pas. C'est toujours la même vieille histoire…

Elle s'est interrompue pour jeter sa cigarette d'une pichenette.

– Nous, les femmes, nous ne savons jamais ce que nous voulons !

Avec un rire triomphant, elle a tourné les talons et a disparu dans la nuit.

Je suis restée pétrifiée un moment. Pouvait-elle avoir raison ? Était-ce vraiment aussi simple que ce vieux cliché paternaliste et éculé ? J'ai vite vu qu'elle avait tort. Les femmes savent parfaitement ce qu'elles veulent. Et ce qu'elles veulent paraît très simple : un minimum de respect. Être traitées, comme le dit Hannah, en êtres humains.

J'ai fait signe à un taxi jaune à l'ancienne.

– Vous allez où ? m'a demandé le chauffeur.

J'ai souri.

À la maison.

4

Attention, les filles, les toy-boys débarquent

Au Village, Marilyn vient de vivre un curieux épisode avec un toy-boy de vingt et un ans. Il a sonné à sa porte pour livrer des paquets, et il semblait de nature très amicale parce qu'il s'est mis tout de suite à bavarder. Au bout d'un quart d'heure, elle a réussi à s'en débarrasser, non sans lui avoir rappelé six fois qu'elle attendait un appel pour une conférence téléphonique.

Elle a donné son coup de fil et a complètement oublié le livreur. Jusqu'à six heures du soir, lorsqu'elle a reçu un message.

Vous êtes si belle. On peut se revoir ? Ou 21 ans, c'est trop jeune pour vous ?

Oui, c'est trop jeune, a-t-elle répondu.

Aussitôt, elle a reçu un nouveau message.

Aïe, ça fait mal.

Nous n'avons plus pensé à l'incident, que nous avons classé au chapitre des anomalies, mais deux jours plus tard, Sassy a vécu une expérience similaire. Elle est allée écouter une chanteuse d'opéra qui se produisait dans une soirée privée organisée par une dame d'âge mûr appartenant à la bonne société. À la fin de la soirée, quand tous les invités, au minimum cinquantenaires, se sont dirigés vers leurs voitures pour vite rentrer chez eux et se coucher tôt, Sassy a vu le fils de son hôtesse, vingt-deux ans, foncer vers elle. Il avait passé la soirée à traîner au dernier rang avec ses copains, et il lui a chuchoté à l'oreille :

– Salut, vous voulez finir la soirée dans un club ?

Et puis la même chose est arrivée à Queenie. Elle a embauché un stagiaire de vingt-quatre ans pour l'été. Il n'a même pas attendu le 4-Juillet pour lui confier qu'il la trouvait incroyablement sexy et pour tenter de l'embrasser.

Alors, je me suis posé la question : les femmes d'âge mûr sont-elles devenues irrésistibles aux yeux des toy-boys ?

Au premier regard, ça paraissait improbable. Après tout, depuis toujours, l'idée qu'un homme jeune puisse être attiré par une femme plus âgée de dix, vingt, ou même trente ans, était tout simplement inimaginable. C'était presque considéré comme un crime contre nature.

D'ailleurs, alors qu'il existe des millions de films exposant la dynamique d'une relation entre une jeune femme et un homme mûr, il n'y en a eu qu'un, pendant des décennies, pour montrer l'inverse : *Le Lauréat*. Et tandis que dans les films classiques le couple jeune fille-homme mûr s'éloigne à la fin vers un avenir radieux sur fond de soleil couchant (oubliant les trente années qui les séparent), dans *Le Lauréat*, ça se termine plutôt mal pour tous les protagonistes. La morale du film est claire : Mesdames, n'essayez pas de faire ça chez vous.

Donc, pendant une vingtaine d'années, aucune femme qui se respectait n'a tenté le coup, jusqu'à l'avènement des années quatre-vingt. Et là, tout à coup, sont apparues les « cougars », ces femmes qui osaient afficher leur préférence pour des hommes sexy et plus jeunes qu'elles et même avoir des aventures avec eux. On les appelait toy-boys, on les représentait fans de musculation et vêtus de mini-shorts noirs qui mettaient en valeur leurs formes huilées. Tout le monde se moquait d'eux, et à juste titre : ils étaient ridicules. Il suffisait de les regarder pour que la question nous vienne à l'esprit : comment, après une nuit passée avec un toy-boy, allait-on bien pouvoir lessiver les draps pour enlever ce mélange d'huile de vaseline et de transpiration ?

Aujourd'hui, trente années se sont encore écoulées. Et tout a changé avec la pornographie. En 2007, la recherche sur le porno la plus fréquente sur Internet, c'était MILF : les mères bonnes à baiser.

Ça veut dire qu'il existe maintenant toute une génération de jeunes gens pour qui l'idée d'une relation sexuelle avec une femme de vingt ou trente ans plus âgée est carrément intéressante.

Et pourquoi pas ? Avec la vogue de l'exercice physique, des extensions pour les cheveux, du Botox et de l'acide hyaluronique, des soins cosmétiques de pointe, le tout combiné à un régime sain, une femme peut avoir l'air d'être en âge de faire des enfants même si ce n'est plus le cas.

Elle devient donc la candidate idéale pour vivre l'expérience du toy-boy.

Charmeuses versus cougars

L'expérience toy-boy n'est plus l'histoire d'une femme mûre essayant de séduire un jeune homme, comme dans *Le Lauréat*, c'est l'histoire d'un jeune homme attiré par une femme plus âgée. Alors que le mot « cougar » évoque une femme endurcie qui essaie de s'habiller comme si elle avait vingt ans de moins, les charmeuses sont plutôt des femmes sympathiques, douées d'un bon sens pratique, vivant en ville, en banlieue, n'importe où, en réalité. Elles sont très probablement la mère de quelqu'un qui était dans la même classe, ou le même établissement que leur admirateur.

Mais quelque chose se passe, et tout à coup, une femme parfaitement raisonnable se trouve prise dans une situation qu'elle n'avait ni prévue ni souhaitée : l'expérience toy-boy.

Prenez le cas de Joanne. Elle était invitée à un dîner chez Queenie quand c'est arrivé. Queenie avait engagé un chef. Comme souvent, puisque aujourd'hui on voit les représentants de la génération du millénaire aux postes autrefois occupés par des gens beaucoup plus âgés, le chef avait vingt-sept ans. Les regards de Joanne et du chef se sont croisés par hasard, et *bing !*

Choc imprévu. Tout aurait pu très bien se passer, si le toy-boy n'avait pas été le fiancé de la nièce de Queenie. Laquelle n'a pas apprécié, on la comprend. Joanne a juré que le jeune homme avait pris les devants. Chacun a choisi son camp. Mais qui connaît, même très vaguement, les règles de l'étiquette dans ce cas de figure ?

J'ai rencontré Joanne en ville, trois mois après la découverte fâcheuse de son aventure avec le toy-boy. J'étais sûre qu'ils s'étaient séparés.

Pas du tout. C'était l'inverse.

Non seulement leur histoire se poursuivait, mais il vivait chez elle depuis trois mois.

– On a cohabité, m'a-t-elle confié avec un petit haussement d'épaules. C'était très marrant.

À présent, il allait s'installer dans un appartement à lui.

Elle me semblait un peu gênée, un peu vulnérable. Je voyais qu'elle était tombée amoureuse et qu'elle se demandait forcément si le déménagement du toy-boy annonçait une rupture. Je ressentais son inquiétude et sa honte d'être inquiète : à plus de cinquante ans, est-ce que nous n'aurions pas dû être un peu plus raisonnables ?

Pas du tout. Plusieurs mois ont passé et Kitty les a rencontrés tous les deux dans un magasin d'électroménager. Ils étaient toujours ensemble.

Parce que dans le nouveau monde des toy-boys, il existe des hommes qui ne se lassent pas tout de suite. Ou plus fou encore, qui tombent amoureux.

Pourtant, tout n'est pas toujours aussi rose avec le toy-boy. Depuis la toute première rencontre, quand il vous saute dessus, jusqu'à son installation chez vous, sans parler de la possibilité d'un mariage à l'église – imaginez-vous avec votre jeune époux au bras –, le chemin est semé d'embûches épouvantables. Par exemple : vous vous réveillez chez votre nouvel amoureux, ou plutôt dans sa maison familiale, et justement, il se trouve que vous connaissez bien ses parents...

Hum. Ça a failli arriver à Tilda Tia, il y a un mois.

Et vraiment, vraiment, vous ne souhaitez pas que ça vous arrive.

Fan de toy-boys : you too

Le pire, dans ce nouveau phénomène des toy-boys, c'est que ça peut vous tomber dessus même si l'idée d'être séduite par un garçon de l'âge de vos enfants ne vous a jamais effleurée.

Prenons l'exemple de Kitty. Toute sa vie, elle a été attirée par des hommes plus âgés qu'elle de dix ans, quinze et même vingt ans, comme son futur ex-mari.

– J'aime les hommes intelligents qui ont quelque chose à dire. Je ne peux pas imaginer trouver ça chez un garçon de vingt-cinq ans.

Lorsqu'elle m'a fait cette confidence, nous n'imaginions ni l'une ni l'autre à quel point elle était près de changer d'avis. C'est arrivé à une petite fête d'anniversaire donnée en l'honneur d'une de ses amies mariées, Alison. Du temps où Kitty n'était pas encore divorcée, elle fréquentait beaucoup Alison. Et Alison était l'une des rares femmes de cet ancien cercle d'amis à continuer de l'inviter à ses soirées.

Au bout de six mois de procédure, Kitty découvrait que toutes les horreurs qu'on lui avait racontées sur les conséquences d'un divorce étaient vraies : les amis se rangeaient dans un camp ou dans l'autre, et on entendait parler de soirées où personne n'avait pensé à vous inviter.

Ce soir-là, Kitty s'est donc efforcée de convaincre les couples qui l'entouraient qu'elle allait très bien et que tout se passait au mieux. Eux aussi ont essayé de la rassurer. Les hommes lui ont confié en aparté qu'ils avaient toujours trouvé son ex bizarre, et les femmes l'ont réconfortée dans la cuisine en lui assurant qu'elle ne tarderait pas à rencontrer un homme bien plus intéressant.

Pendant le dîner, la conversation est revenue sur la nouvelle situation matrimoniale de Kitty. Des couples mariés, qui n'y comprenaient rien, ont parlé de rencontres en ligne. Pouvait-on vraiment trouver l'âme sœur de cette façon, et Kitty avait-elle intérêt à essayer ?

Kitty se sentait de plus en plus déprimée par toutes ces discussions. Elle se demandait quelle raison inventer pour rentrer chez elle avant qu'on serve le gâteau d'anniversaire. Elle pouvait être brusquement prise de nausées, ou d'un vague malaise, ou même s'écrier qu'il venait d'arriver quelque chose à son chien... quand tout à coup la porte s'est ouverte et une troupe de jeunes gens d'une vingtaine d'années a fait irruption dans la pièce.

Cette injection soudaine d'hormones mâles a fait l'effet d'une prise d'héroïne. L'atmosphère a changé sur-le-champ. Elle s'est animée. Les convives d'âge mûr se sont redressés sur leurs chaises, leurs conversations sont devenues plus joviales, plus caustiques et même plus sonores.

C'était comme si les adultes cherchaient à attirer l'attention des jeunes.

Kitty a vite compris que le garçon le plus petit et le plus mignon n'était autre que Mason, le fils d'Alison. Elle ne l'avait pas vu depuis ses douze ans, et il en avait à présent vingt-trois. Les autres étaient ses amis. Ne voulant pas interrompre le dîner des parents, ils se sont éclipsés poliment pour aller s'installer au sous-sol, qui venait d'être aménagé.

Les adultes sont passés au salon. On parlait maintenant des vacances, un sujet qui n'intéressait pas Kitty puisqu'elle n'avait plus les moyens d'en prendre. En glissant des regards discrets vers la porte restée ouverte pour savoir quand elle pourrait s'esquiver sans se faire remarquer, elle a aperçu Mason et deux de ses amis qui se faufilaient silencieusement dans la cuisine.

Kitty s'est éclairci la gorge et elle a eu un petit rire poli. Elle a reposé la tasse moche dans laquelle on lui avait servi son expresso et s'est levée. Elle était déjà arrivée à mi-chemin de la porte quand son hôte a remarqué son départ. Autrefois, il avait dû être beau, ou au moins pas mal. Il n'était plus ni l'un ni l'autre.

– Kitty ! a-t-il tonné avec dans la voix une note d'autorité qu'elle n'avait jamais entendue, comme si le fait qu'elle soit célibataire donnait à cet homme un droit sur elle. Où vas-tu ?

– Aux toilettes, a-t-elle répondu.

Elle s'y dirigeait lorsqu'elle s'est aperçue qu'elle pouvait aller dans la cuisine sans être vue depuis le salon, et elle a continué tout droit.

– Salut, a dit Mason.

– Désolée, je venais juste chercher un verre d'eau, s'est excusée Kitty.

Le plus sexy des garçons, très grand, avec une masse de cheveux noirs, s'est levé et a proposé en la regardant droit dans les yeux :

– Je vous sers.

Il a ouvert la porte du frigo, en a sorti une bouteille d'eau Fiji et la lui a tendue.

Kitty s'est immobilisée un instant.

– En réalité, ce qui me ferait vraiment envie, c'est un shot de tequila.

Il y a eu un silence complet, puis les garçons ont éclaté de rire comme si elle avait dit quelque chose de vraiment très drôle.

– Vous êtes la seule marrante parmi les amies de ma mère, a remarqué Mason.

Tout à coup, Kitty s'est sentie beaucoup mieux.

Pourquoi, autrement, aurait-elle accepté de les suivre au sous-sol ?

Le toy-boy vous saute dessus sans prévenir

Elle s'est donc rendue au sous-sol, dans l'ancienne salle de jeux, exactement comme elle le faisait lorsqu'elle était adolescente.

Ces garçons, bien sûr, n'étaient plus des ados, mais de jeunes adultes. Et la salle de jeux n'était pas meublée d'un canapé informe et d'une vieille table de ping-pong. C'était un espace de près de trois cents mètres carrés, avec table de ping-pong, mais aussi bar et salle de projection. Il y avait de la bière et de la musique. Deux filles sont arrivées. Kitty connaissait leurs mères. L'une d'elles lui a proposé une bière.

Sa bière à la main, Kitty s'est approchée de Mason et de son ami. Ils fumaient quelque chose, et quand Kitty a demandé ce que c'était, ils lui ont tendu l'objet. C'était un vaporisateur de cannabis. À ce moment précis, Kitty a pensé qu'elle devrait vraiment remonter au salon, mais elle s'est représenté la scène, toutes ces tristes physionomies vieillissantes qu'elle fréquentait depuis toujours. Elle a pris le vaporisateur.

L'ami de Mason lui a fait la conversation. De temps en temps, il lui effleurait le bras, mais elle était persuadée que c'était par inadvertance. En cherchant des yeux Mason, qui s'était éloigné, elle a répété qu'elle devait rejoindre les invités au rez-de-chaussée.

– Il faudrait que j'y aille. Je dois vous dire au revoir.

Elle l'aurait sans doute fait si l'ami de Mason ne l'avait pas convaincue de disputer une partie de ping-pong et de tirer encore un peu sur le vaporisateur.

Un peu plus tard, sans qu'elle sache comment, quelque part sur le long trajet entre la table de ping-pong et l'escalier, le garçon a essayé de l'embrasser.

Non, en réalité, il l'a vraiment embrassée. Elle a senti ses mains autour de son visage, et ses lèvres jeunes et rebondies sur les siennes. Il l'embrassait et elle lui rendait son baiser !

C'est alors qu'elle s'est souvenue de l'endroit où elle se trouvait. Si quelqu'un les surprenait, elle ne pourrait jamais expliquer la situation à Alison. Et il faudrait s'attendre à des répercussions.

Elle a repoussé le garçon. Il a paru déçu, mais il l'a laissée s'éloigner. Elle a filé dans les escaliers jusqu'à la salle de bains où elle s'est recoiffée. En regardant l'heure, elle a découvert qu'une demi-heure s'était écoulée ! Quelqu'un avait forcément remarqué son absence. Mais lorsqu'elle s'est glissée en catimini dans le salon, elle a vu que personne ne s'était aperçu de quoi que ce soit. Tout le monde était bien trop absorbé par la discussion au sujet des derniers scandales politiques à Washington.

Kitty en a profité pour repasser les événements dans sa tête. Le baiser soudain du toy-boy l'incitait à revoir son ancienne préférence pour les hommes plus âgés.

Mais qu'est-ce qui lui arrivait ?

Kitty s'est levée pour partir et, au même instant, la troupe de jeunes gens a surgi comme par magie du sous-sol. Eux aussi devaient s'en aller, apparemment.

En réalité, il est apparu assez vite qu'ils avaient besoin de Kitty pour qu'elle les conduise dans sa voiture jusqu'à une boîte de nuit.

Comme beaucoup de jeunes de la génération du millénaire, ceux-là avaient oublié quelque chose. Dans leur cas, c'était de passer leur permis de conduire.

Et nous arrivons au problème que pose le manque d'expérience dans les relations avec les toy-boys : vous imaginez ce qui se serait passé si Kitty avait laissé le garçon poursuivre l'affaire, pour découvrir trop tard qu'il ne s'intéressait à elle que dans la mesure où il pouvait l'utiliser comme taxi ?

Alison aurait été folle de rage. Et Kitty aurait pu dire adieu à sa vie sociale dans son cercle d'amis habituel.

Il y a plusieurs choses à retenir de l'expérience de Kitty.

Une femme est vulnérable à un AITB (Assaut Inattendu d'un Toy-Boy) si : a) elle est fraîchement divorcée ou séparée, b) n'a pas reçu beaucoup d'attentions de la gent masculine depuis plusieurs années, ou encore c) elle fait quelque chose de contraire à ses habitudes – comme fumer du cannabis.

Mis à part l'histoire de Kitty, les assauts inattendus de toy-boys ne sont pas toujours des échecs. En réalité, pour les non-initiées, un assaut peut conduire à une vraie rencontre, menant les deux partenaires jusqu'au lit, ou du moins à sa possibilité. Mais il y a des leçons à prendre dans cette nouvelle arène des jeux amoureux. Ce n'est pas parce qu'un toy-boy est jeune et entreprenant que tenter l'aventure est forcément une bonne idée.

Attention au toy-boy style Roméo

Voyons ce qui est arrivé à Tilda Tia lorsqu'elle s'est rendue à une soirée dans un club de Southampton. Une partie des invités étaient jeunes, et elle a rencontré un toy-boy grand, séduisant, et en apparence riche. Quand il s'est jeté sur elle, elle n'a pas résisté. L'histoire aurait dû prendre fin assez vite, mais le toy-boy s'est révélé être de nature très émotive, comme on ne peut l'être qu'à vingt ans et quelques. Il a insisté, se disant follement amoureux et lui envoyant quinze messages par jour pour savoir ce qu'elle faisait et avec qui. Ensuite, il a essayé de laisser une valise de vêtements dans sa chambre à coucher. Puis il l'a invitée à rencontrer ses parents.

À l'occasion d'un déjeuner, un dimanche. À une adresse que Tilda Tia connaissait très bien, puisqu'elle s'y était souvent rendue pour déjeuner dans le passé – *vingt-cinq ans plus tôt, quand elle était amie avec les parents du toy-boy, avant sa naissance.*

Non. Pas question. Elle n'allait pas poursuivre une aventure avec le fils de ses vieux amis, même si elle ne les avait pas vus depuis un bon moment. Elle a répondu au toy-boy : À partir de maintenant, c'est fini entre nous.

Malheureusement, le toy-boy était du genre Roméo, et sa méthode de rupture n'a fait que le rendre encore plus fou d'amour. Il s'est précipité chez elle pour exiger qu'elle lui laisse encore une chance. Ils ont eu une longue dispute, jusqu'à ce qu'elle s'en débarrasse enfin en lui fermant la porte au nez et en jetant son téléphone par la fenêtre depuis le deuxième étage.

On voit que son histoire avec le toy-boy a failli transformer Tilda Tia en une femme à laquelle elle pensait ne jamais ressembler : un personnage encore plus dingue que ceux de la série *The Real Housewives*.

*Ne jamais, au grand jamais,
passer la nuit chez un toy-boy –
on ne sait pas sur quoi on va tomber.*

Cette histoire est arrivée à Marilyn. Elle avait pris l'habitude de regarder Netflix chez elle, le samedi soir, absorbée par des aventures plus intéressantes que les siennes. Mais, comme il arrive parfois, des amis lui ont rendu visite au Village depuis Miami. Naturellement, ils voulaient sortir, ce qui obligeait Marilyn à les suivre.

Une vraie corvée. Marilyn, habituée à disposer de son temps comme il lui plaisait, n'avait pas pris de bain depuis trois jours, ne s'était pas lavé les cheveux de la semaine, et n'avait pas acheté de vêtements depuis au moins un an.

Cette fois, elle était obligée de faire un effort.

Les copains de Miami voulaient connaître tous les lieux en vogue du Village, dont ils connaissaient la réputation. Au début de la soirée, Marilyn, mal à l'aise, s'est ennuyée. Mais elle s'est jointe à ses amis qui alignaient les shots de tequila, puis elle a joué aux fléchettes. En commandant une nouvelle tournée, elle a lié conversation avec le barman. Mike n'avait pas plus de vingt-cinq ans, mais il s'est avéré qu'il venait de la même ville d'Australie que Marilyn. Il lui a demandé si elle voulait le rejoindre dehors, à l'arrière du bar.

Personne ne faisait attention à elle et Marilyn a pensé : Pourquoi pas ?

L'Australien l'a embrassée à côté des poubelles.

De retour au bar, il lui a offert une tequila. Et il lui a demandé si elle avait envie de venir fumer un joint chez lui.

Marilyn était assez ivre, à ce moment-là, pour penser que c'était une bonne idée.

Le « chez-moi » du toy-boy était une vieille caravane Airstream à moitié en ruine.

Marilyn a fait de son mieux pour admirer le sol en linoléum rapiécé, au dessin déprimant datant des années 1970. La table, intégrée entre deux banquettes en plastique, disparaissait sous les détritus que laisse typiquement traîner un jeune homme : une pipe à eau, un haut-parleur, un cactus, des boîtes en fer de tailles diverses, des tasses à café sales. Mike s'est assis pour rouler un pétard. Il a collé deux papiers à cigarette ensemble et les a roulés en cône d'une main experte, avant d'y déposer son mélange d'herbe et de tabac.

– Qu'est-ce que tu penses de mon home ? C'est stylé, non ?

– Oui, très stylé, a répondu Marilyn en se demandant si elle allait vraiment devoir se mettre à utiliser des mots pareils. Et tu dors où ?

– Ici, a répondu Mike en indiquant un matelas taché posé contre un mur.

En le voyant lécher son papier et terminer le joint d'une torsion élégante, Marilyn a compris qu'elle ne pourrait pas aller plus loin. Elle ne pouvait pas coucher avec un garçon sur un vieux matelas crado, dans une caravane Airstream des années 1970.

Il fallait qu'elle mette fin à l'histoire.

Mike n'était pas content.

– Mais pourquoi ? C'est parce que je ne te plais pas ?

– Pas du tout, je pense que tu es super. Mais (elle a marqué une pause avant d'asséner son joker) je suis assez vieille pour être ta mère.

– Tu es plus vieille que ma mère, a dit Mike.

Après ça, Marilyn est rentrée en ville, heureuse d'avoir pu se sortir de là avant qu'il lui soit arrivé quelque chose qui lui aurait donné de vrais regrets.

Une histoire édifiante, ou pourquoi
il faut toujours vérifier les références du toy-boy

Si vous vous lancez quand même dans l'aventure toy-boy, il vaut mieux le faire intelligemment. Comme vous êtes la plus âgée et la plus sage, vous savez que les toy-boys sont capables de faire des choses vraiment idiotes.

Et il peut vous arriver d'être victime d'une de ces idioties. Ou pire encore, de vous laisser duper par un toy-boy.

C'est ce qui est arrivé à Mia.

Brian, le mari de Mia, était un multimillionnaire à la tête d'un fonds spéculatif, et Mia était sa troisième épouse. Pour son cinquantième anniversaire, Brian a offert à Mia une fabuleuse fête sous tente avec *dance floor*, lumières roses et performance d'une star de la pop. Il lui a offert un collier de diamants en lui disant que sans elle il ne serait pas l'homme qu'il était aujourd'hui.

Un mois plus tard, il est allé à Las Vegas, y a rencontré une danseuse de vingt et un ans dont il est « tombé amoureux ». Deux mois plus tard, il a installé sa danseuse dans un appartement de l'Upper East Side, non loin de l'immeuble où il vivait avec Mia. Quatre mois plus tard, son nouvel amour était enceinte.

Mia et Brian avaient signé un contrat prénuptial à toute épreuve : en cas de divorce, Mia toucherait une somme de trente millions de dollars, en un seul versement. Elle garderait la maison des Hamptons et tous ses bijoux, qui valaient à eux seuls au moins cinq millions de dollars. Et comme Brian était connu dans le monde de la finance, et qu'il s'était conduit d'une manière que ses proches qualifiaient de totalement opposée à son comportement normal, le divorce a figuré dans la presse à la page des potins. En détail, y compris le montant de la transaction financière.

Mia s'est réfugiée dans sa maison des Hamptons. Ses deux sœurs et une poignée de bons amis se sont précipités auprès d'elle. Pendant les semaines suivantes, ils ont fait des allers-retours, mais Mia a fini par se retrouver seule.

Pas tout à fait cependant. La maison avait tous les agréments utiles pour retenir des invités en permanence : piscine chauffée, vastes jardins et court de tennis. Il y avait toujours du monde.

Un après-midi, pendant que Mia se reposait près de la piscine, elle a reçu un appel d'une de ses sœurs. Comme d'habitude, la conversation a vite tourné autour de Brian et de ses méfaits – et comment Mia avait-elle pu ne jamais se douter de ce qui allait se passer ? Pendant ce temps, deux ouvriers sont arrivés pour régler l'air conditionné.

Quand Mia a raccroché, elle a trouvé l'un des deux debout à côté d'elle. C'était un très jeune homme, extrêmement beau, avec des yeux brillants et une bouche attirante. Une pensée a traversé l'esprit de Mia : celui-là était trop jeune et trop beau pour passer sa vie à réparer des climatiseurs.

– On a fini, a-t-il annoncé.

– Parfait.

Mia lui a offert un sourire poli, mais au lieu de s'éloigner, il a hésité, comme s'il voulait lui demander quelque chose.

– Oui ? a fait Mia.

Il lui a tendu brusquement la main.

– Je m'appelle Jess, au fait.

– Mia, a-t-elle répondu.

Elle a remarqué que la paume du garçon était accueillante et douce. Il souriait d'un sourire qui trahissait deux choses : il savait qu'il était beau, et il ne doutait pas que sa beauté était un ticket d'entrée dans une vie meilleure.

– Je n'ai pas pu ne pas entendre un peu de votre conversation. Vous êtes la femme de…

Il a prononcé avec respect le nom de Brian.

Mia s'est raidie. Entendre le nom de son ex dans la bouche de ce môme lui faisait l'effet d'une gifle. Sa colère à l'égard de Brian et de tous ceux qui le connaissaient, y compris le garçon, s'est instantanément ravivée, ainsi que ses soupçons. Pourquoi éprouvait-il le besoin de lui parler de Brian ? Le connaissait-il ? Brian l'avait-il envoyé près d'elle pour l'espionner ?

– Je l'étais, a-t-elle répondu sèchement. Pourquoi ?

– Je voulais juste vous dire que c'est mon idole.

Ça n'avait aucun sens. Brian, l'idole de quelqu'un ? Comment cela pouvait-il être possible ? En fait, a pensé

Mia, c'était possible : il y a toujours un gamin perdu pour s'agenouiller devant l'autel de l'argent vite gagné. Mia a perdu patience.

– Mon ex-mari est une merde.

Elle a tout de suite regretté son éclat, parce que le garçon s'est confondu en excuses pour avoir prononcé le nom de Brian. C'était extrêmement pénible. Le pauvre était jeune et timide, et il a fallu au moins dix minutes pour le rassurer, le convaincre que tout allait bien, que non, elle n'était pas furieuse contre lui et qu'il n'allait pas perdre son travail.

Il a fini par s'en aller, en sortant de la propriété par une porte de service, derrière une longue haie qui dissimulait les allées et venues aux regards.

Mia s'est rendue dans la cuisine, où elle a croisé l'une des deux employées de maison à plein temps, prête à partir faire le marché. Elles ont échangé deux mots sur la climatisation, et Mia s'est souvenue de sa conversation avec le jeune homme. En se servant un verre de vin, elle a remarqué que ses mains tremblaient encore de colère.

– Mia ?

Elle a failli en laisser tomber son verre : Jess n'était pas parti. Il était derrière elle, dans la cuisine.

– Pardon, je suis désolé. J'avais oublié quelque chose. Vous allez bien ?

– Est-ce que j'ai l'air d'aller bien ? a dit Mia en le regardant d'un air féroce.

Elle a bu une gorgée, espérant que l'alcool allait l'aider à retrouver son calme. Ça n'a pas marché. Au contraire, quand Jess a fait un pas vers elle et lui a demandé ce que Brian lui avait fait, Mia, qui avait déjà raconté toute l'histoire à ses amis et relations et connaissait le récit par cœur, a révélé au garçon le drame tout entier, dans ses plus intimes détails.

Jess n'est parti finalement qu'après le retour de l'employée de maison, en promettant que lui ou quelqu'un d'autre allait revenir dans quelques jours pour vérifier que l'air conditionné fonctionnait correctement.

Mia a passé son temps à boire du rosé et à parler au téléphone. Il lui arrivait d'avoir fini sa bouteille à six heures du soir. La tête lourde, elle pouvait alors sombrer dans un sommeil léthargique qui lui permettait de tout oublier pendant quelques heures. Justement, l'après-midi où Jess est revenu vérifier l'installation, Mia avait presque bu une bouteille entière.

Elle était assez ivre et assez en colère. Elle a suivi le garçon jusqu'à l'endroit où le poste de climatisation était dissimulé, derrière une haie de cyprès, sur le côté de la maison. Elle lui a demandé pourquoi Brian était son idole, et Jess a expliqué qu'il avait donné de l'argent à son université pour financer une bourse qui aidait les étudiants comme lui à se lancer dans le business.

Et il l'avait fait. Il était encore étudiant à Southampton College, et quand il n'était pas en cours ou au travail, il passait son temps à surfer. Il a conseillé à Mia de se mettre au surf, ce qui l'a fait rire. Elle lui a promis d'y réfléchir, et elle s'est aperçue qu'elle s'était remise à trembler. Seulement cette fois, ce n'était pas de colère ; c'était de désir, un désir aussi brûlant qu'inattendu.

Deux jours plus tard, Mia venait d'acheter une caisse de rosé chez le marchand de vins quand elle a rencontré Jess par hasard sur le parking. Il lui a demandé si elle donnait un dîner, et elle lui a répondu que non, elle recevrait seulement quelques amis qui aimaient bien boire.

Par pure politesse, du moins l'a-t-elle pensé sur le moment, Mia l'a invité à venir boire un verre quand il serait dans les parages. Et peut-être par politesse à son tour, Jess a noté le numéro de portable de Mia sur son téléphone.

Le lendemain soir, vers sept heures, Mia regardait une émission de téléréalité sur Bravo quand son téléphone a vibré. C'était un message.

Salut, c'est Jess.

L'humeur morose de Mia a changé instantanément.

Salut, a-t-elle répondu.

Vous êtes là ? Ça vous dirait, un peu de compagnie ?

Oui, a écrit Mia sans prendre la peine d'attendre un peu ou de se faire prier.

Jess non plus ne s'est pas fait prier. Ils n'avaient même pas fini le premier verre quand il a posé les mains sur le visage de Mia et l'a embrassée. Mia s'était attendue à lui opposer une certaine résistance, mais elle a été étonnée de sentir monter en elle un désir irrépressible – une sensation qu'elle ignorait pouvoir encore éprouver.

Après quelques préliminaires, Jess lui a pris la main et l'a guidée jusqu'à une chambre d'amis déserte à l'étage. Il a enlevé ses vêtements, Mia a ôté les siens. Puis Jess s'est dirigé vers la salle de bains en faisant signe à Mia de le rejoindre.

Il s'est penché vers elle – il la dépassait d'au moins vingt centimètres, et c'était d'autant plus génial que

Brian était plus petit qu'elle de cinq – pour l'embrasser encore pendant qu'ils se savonnaient mutuellement. C'était encore une chose dont Mia n'avait plus fait l'expérience depuis très longtemps. Au bout d'un moment, il l'a emmitouflée dans une serviette qu'il a déroulée ensuite pour l'installer sur le lit.

Il s'est penché encore et l'a embrassée en s'allongeant sur elle.

La suite a ressemblé au tournage d'un film porno. Mia a senti la langue de Jess s'activer pendant le cunnilingus, puis il l'a retournée pour un soixante-neuf, mais elle avait à peine eu le temps d'atteindre sa queue, courte mais épaisse, qu'il étendait un bras pour saisir un préservatif qu'il avait apporté. Il l'a enfilé et a fait rouler Mia sur lui pour qu'elle le chevauche. Elle a frotté le bout du pénis avec sa vulve pour le laisser entrer en douceur, il a donné un coup de hanches et l'a pénétrée. Mia a ondulé du bassin. Et, alors qu'il était en elle, elle s'est sentie – pour la première fois depuis très longtemps – sûre d'elle. Comme si elle était devenue une sorte d'experte. Comme si elle était capable de jouer dans un film porno.

Vas-y, cow-girl, au galop ! a-t-elle pensé.

Il a joui au moment où elle était sur le point de jouir elle-même. Ça n'avait pas d'importance, lui a-t-elle dit pour le rassurer. Ce serait pour la prochaine fois. Dix minutes plus tard, il était parti. Mia était trop épuisée pour s'en rendre compte ou pour s'en inquiéter.

Deux semaines ont passé, puis trois. Trois semaines pendant lesquelles Mia n'a eu aucune nouvelle de Jess. Au début, elle a été en colère, mais l'émotion s'est atténuée. Elle a pensé qu'elle n'aurait pas dû s'étonner : les hommes étaient tous des porcs et Jess n'en était qu'un exemple de plus.

Elle est retournée à ses bouteilles de rosé, qui ne l'avaient jamais déçue, et elle a sombré pour de bon.

Un message sur son téléphone l'a tirée de sa stupeur alcoolique.

Salut, tu veux qu'on se voie ?

Jess ! Elle l'avait presque oublié. Et cette fois encore, elle s'est sentie plus excitée qu'elle n'aurait jamais pensé l'être. Elle a répondu tout de suite.

Quand ?

La réponse ne s'est pas fait attendre.

Je suis avec un pote. On arrive dans 20 mn.

Le pote en question, Drew, n'avait pas l'air très net, mais Mia a fait de son mieux pour l'ignorer, parce qu'elle était heureuse de voir Jess. Elle s'est vite trouvée vraiment ivre. Les deux autres en ont fait autant. Drew s'est esquivé et Jess est monté à l'étage avec elle.

– Je ne veux pas, a déclaré Jess. Tu es trop soûle.

C'était la dernière chose que Mia avait envie d'entendre.

– Je ne suis pas soûle du tout. Viens.

Elle s'est rendu compte avec effroi qu'il y avait une note de désespoir dans sa voix. Jess a hésité, mais assez vite il a enlevé son pantalon, et Mia a senti dans sa main l'érection ultravigoureuse que seuls les jeunes possèdent.

Mais cette fois tout est allé beaucoup trop vite, et avant que Mia ait pu l'en empêcher, Jess était déjà reparti. Elle s'est recouchée avec une bouteille de vin, et ce jour-là encore elle s'est réveillée à six heures du matin, la tête prise dans un étau de fer. Elle a avalé un demi-comprimé de somnifère avec un peu d'eau.

Une semaine plus tard, à deux heures de l'après-midi, Jess a fait une nouvelle apparition chez elle, accompagné de Drew.

Mia, qui avait perdu tout désir de sauvegarder les apparences, a ouvert une bouteille de rosé et leur a versé un verre à chacun. Ils se sont tous installés à la table de la cuisine.

– Bon, écoute, Mia, a dit Drew. On a un problème.

– Ah oui ?

C'était inattendu. Mia ne pensait pas connaître assez bien ces deux garçons pour qu'un « problème » puisse survenir entre eux.

– Jess m'a raconté ce qui s'est passé, a dit Drew.

Mia a regardé Jess.

– De quoi il parle ?

– Il est mineur, a poursuivi Drew.

– Pardon ?

D'instinct, Mia a tout de suite pensé qu'il fallait cacher la bouteille. Si Jess était mineur, il n'avait pas droit aux boissons alcoolisées. Elle a jeté un regard coupable au verre du garçon.

– Mais pourquoi tu n'as rien dit ?

– Tu ne m'as rien demandé, a répondu Jess.

Sur ce, Mia a exigé des preuves. Drew a prétendu que Jess avait laissé son permis de conduire chez lui. Mia a demandé à Jess comment il osait lui faire une chose pareille, et Jess a baissé le nez sans répondre, l'air effrayé.

Drew est entré dans le vif du sujet. Jess et lui avaient décidé de la faire chanter, et ils lui réclamaient cent mille dollars. Ils connaissaient l'étendue de sa fortune ; les détails financiers de son divorce étaient dans les journaux. Et maintenant qu'elle avait couché avec Jess, lequel était mineur, elle serait arrêtée si elle ne les payait pas.

Pendant les trois jours qui ont suivi, Mia a vécu dans un état de panique. Comment une histoire pareille avait-elle pu lui arriver ? Elle mourait d'envie de se confier à quelqu'un, mais à qui ? Ses amies ne comprendraient pas. En fait, elles penseraient que l'affaire confirmait ce qu'elles avaient soupçonné, secrètement, depuis le début : Mia n'était pas quelqu'un de bien, et elle méritait ce genre de punition.

Mais même les opinions des autres n'auraient plus d'importance, parce que Mia allait croupir en prison. Sa photo allait devenir virale. Sa vie était terminée.

Puis l'employeur de Jess est venu rendre visite à Mia. C'était un homme sympathique, marié, père de deux enfants adultes qui vivaient toujours dans les Hamptons. C'était aussi un homme affable et bavard. Au bout d'un moment, peut-être parce qu'elle n'avait vraiment personne d'autre à qui se confier, Mia lui a raconté l'histoire de Jess.

Il est entré dans une colère noire. Il connaissait bien Jess, qui était un camarade de lycée de sa fille. Jess avait dit la vérité lorsqu'il s'était présenté comme étudiant. Mais il avait vingt ans, et pas dix-sept.

Deux jours plus tard, Jess est venu présenter ses

excuses à Mia. L'idée n'était pas de lui. C'était celle de Drew. Jess s'était vanté auprès de lui d'avoir couché avec l'ex-épouse de son idole, et lorsque Drew lui avait fait part de son plan, Jess ne l'avait pas pris au sérieux. Mais Drew y tenait vraiment. Ce type était un malade et Jess s'était juré de ne jamais le revoir. Mia lui a pardonné. D'abord parce que c'est une femme généreuse et ensuite parce qu'elle n'en pouvait plus d'entendre Jess et ses excuses idiotes.

Mia a fini par en parler à ses amies, et tout le monde a beaucoup ri. Au bout du compte, Mia ressemblait à toutes ces femmes d'âge mûr pour qui une aventure avec un toy-boy n'était qu'un épisode de plus parmi les événements étranges et inexplicables qui surviendraient au cours des années suivantes.

Mais il en est pour qui l'aventure toy-boy prend une tournure plus sérieuse.

Le club des toy-boys

Voici ce qui arrive quand une femme passe de ce qu'elle pensait être l'affaire d'un soir ou deux à un arrangement plus permanent. Si le toy-boy décide de passer la nuit chez elle, alors il y a de grandes chances pour qu'il s'installe pour de bon.

Tout à coup, il réside dans la maison.

Cela suppose quelques interrogations :

Comment présenter le toy-boy aux amies ? Comment expliquer pourquoi il habite chez elle au bout de si peu

de temps ? Qu'est-ce qui se passe s'il déplaît au groupe
ou, pire encore, si tout le monde préfère l'ignorer complètement ?

C'est l'histoire qui nous est arrivée, à Sassy et à moi.

Nous étions au début de juin quand James a fait son
apparition chez Kitty.

L'air mal à l'aise, il s'est assis tout au bout de la table
de la cuisine, entouré de femmes : Sassy, Tilda Tia, Marilyn, Queenie, moi et la fille adolescente de Queenie.

J'ai pensé que c'était un copain de la jeune fille, et
je l'ai oublié. Tout le monde parlait en même temps,
assez fort, et, comme c'est souvent le cas lorsqu'un seul
garçon se trouve mêlé à un groupe de femmes, James
s'est simplement fondu dans le décor.

Imaginez un peu ma surprise quand je suis passée
chez Sassy deux jours plus tard et que j'ai revu James.

Il était midi. Sassy a eu l'air légèrement embarrassée,
mais elle a tout de suite servi une explication : « James
m'aide avec mon nouveau téléphone. »

J'ai hoché la tête. Comme je n'allais pas tarder à
l'apprendre, se rendre indispensable – que ce soit pour
programmer un iPhone, installer les différents engins
connectés de la maison, ou même pour porter les bouteilles ou faire le marché – est l'une des méthodes sour-
noises pratiquées par le toy-boy pour inciter une femme
à lui offrir de vivre chez elle.

Mais à l'époque, je ne réfléchissais pas à ces choses-là.
Et je n'y ai plus pensé du tout jusqu'au jour où Sassy m'a
invitée à un barbecue et où j'ai retrouvé James chez elle.
D'accord, il avait apporté la viande. Mais quand même.

James commençait à m'agacer légèrement. Il avait vraiment l'intention de s'incruster ? Mais pourquoi ? Il avait bien vingt ou vingt-cinq ans de moins que nous toutes. Qu'est-ce qu'il pouvait bien trouver de si intéressant dans la compagnie de femmes d'un certain âge qui vaquaient à leurs petites affaires ? Pourquoi avait-il envie de traîner avec elles ?

Le lendemain, Tilda Tia et moi sommes allées faire une balade à vélo. J'en ai aussitôt profité pour poser des questions sur James. Que savait-elle de lui ?

Tilda Tia a haussé les épaules.

– Il est agent immobilier.

– Il est assez vieux pour avoir un job ?

– Il a presque trente ans. Il a rompu avec sa fiancée il y a quatre mois, alors il s'ennuie, j'imagine.

Je n'ai pas demandé l'âge de la fiancée, mais j'ai voulu savoir comment il avait rencontré Sassy. J'aurais pu poser la question directement à mon amie, mais quelque chose m'en empêchait.

Tilda Tia est restée très vague. Elle a mentionné une soirée dans un club, à l'époque où elle-même s'intéressait de près aux toy-boys. Depuis, elle avait changé de terrain de jeux et s'était inscrite sur Tinder.

Un mois a passé. Chaque fois que je voyais Sassy, j'éprouvais la même surprise mêlée d'agacement à la trouver en compagnie de l'éternel James. Il lui servait à boire et semblait en bons termes avec tous nos amis. C'était suspect. Mais quand je cherchais à savoir ce que les autres en pensaient, on me répondait toujours que James était « adorable ». Il était serviable et toujours prêt à se dévouer pour rester sobre et ramener tout le monde en voiture.

Un beau jour, quelqu'un a mentionné en passant le fait que James vivait chez Sassy. Pour le moment, en tout cas. Il avait bien une option sur une autre maison, mais c'était seulement pour un mois. Aussi, James et son combi Volkswagen étaient provisoirement garés devant la propriété de Sassy.

Voilà un autre des tours de passe-passe typiques du toy-boy : annoncer qu'il a perdu son domicile et s'installer chez vous sans perdre de temps.

Comme James, les toy-boys vont toujours vous jurer qu'ils ont un endroit à eux lorsque vous les voyez pour la première fois. Puis, cet endroit prend des airs d'hébergement temporaire. Et un beau jour, même cet arrangement disparaît mystérieusement, laissant le toy-boy à la rue.

Et où donc pourrait-il vivre, sinon avec vous ?

Naturellement, le toy-boy va vous rassurer – et vous prévenir : il s'agit d'un accord strictement provisoire. Les toy-boys savent que les femmes qui les hébergent ne sont pas à la recherche d'une histoire pour la vie. Pour la vie, c'est trop tôt. C'est trop douloureux, trop effrayant. Surtout pour celles qui ne savent pas du tout où elles en seront dans trois mois.

Et c'est peut-être pour cette raison que Sassy a préféré garder son aventure secrète.

Je me doutais un peu que James et elle pouvaient bien entretenir des relations quasi conjugales, mais je n'avais aucun indice pour confirmer mes intuitions. Personne ne disait rien, personne ne laissait rien filter. Pas de regards discrètement appuyés. Pas de mains qui se touchent. Pas de conciliabules chuchotés dans l'entrée.

Pendant que nous nous attardions sur la terrasse, Sassy et moi, James restait habituellement à l'intérieur, occupé devant l'ordinateur. Je le voyais de loin en partant, et nous échangions un signe de la main. Lorsque Sassy et lui se parlaient, c'était pour des questions d'emploi du temps. Il était peut-être son assistant, rien de plus ?

Un beau jour, au lieu de partir à vélo avec Tilda Tia, j'ai décidé d'aller poster du courrier en ville et d'en profiter pour passer voir Sassy.

Les deux voitures étaient là et, comme la porte n'était pas fermée, je suis entrée. Personne. Je me suis aventurée jusqu'à la chambre de Sassy, pour vérifier que la maison était vide.

Le lit était complètement défait, les oreillers gardaient les traces de deux têtes, et un petit paquet de papier métallisé traînait par terre, déchiré.

Avais-je été la seule à ne rien savoir ?

— Pourquoi tu ne m'as rien dit ? ai-je demandé à Tilda Tia un peu plus tard, le même jour.

— À propos de quoi ?

Comme d'habitude, elle était distraite, trop préoccupée par son dernier rendez-vous sur Tinder pour m'écouter.

— Sassy et James ne sont pas seulement des amis, ils *couchent ensemble* !

J'ai annoncé ça avec la voix tonnante de Charlton Heston dans *Les Dix Commandements*.

— Et alors ?

– Elle ne m'a jamais rien dit !

– À moi non plus, a répliqué Tilda Tia. Et si elle ne nous a rien dit, c'est parce qu'elle ne veut pas que ça se sache.

– Très bien. Alors, nous ne sommes pas au courant.

J'étais quand même bien décidée à aborder la question avec Sassy.

– Euh… Sassy ? Toi et James…

Je n'arrivais même pas à finir ma phrase, mais Sassy m'a répondu sans hésiter :

– Tu me vois avec un type qui a vingt-cinq ans de moins que moi ? Allons, enfin !

À la fin de l'été, Sassy s'est discrètement défaite de son toy-boy.

Peut-être, en gardant leur aventure clandestine, James et elle ont-ils aussi sauvé leur amitié. James va bientôt venir lui rendre visite avec sa nouvelle fiancée. Sassy est très impatiente de faire sa connaissance. Nous aussi.

L'avenir

Notre ignorance des relations entre femmes plus âgées et hommes plus jeunes est abyssale. En fait, nous n'en savons à peu près rien, en partie parce que ces histoires sont trop rares pour nous permettre de tirer des conclusions qui aient un sens.

Mais on peut s'attendre à ce qu'elles deviennent de plus en plus fréquentes avec le temps. C'est ce qu'on voit en tout cas sur Internet, où pullulent les sites explorant les dynamiques des rapports entre les deux. Évidemment, certains des couples représentés ressemblent à des mannequins, mais on voit aussi beaucoup de femmes normales comme Meegan, qui à quarante-deux ans résume la situation sur son vlog personnel : « Hello, les amies, vous avez essayé la version homme plus âgé/femme plus jeune, et vous avez trouvé ça comment, *hein ?* »

L'avenir de l'aventure toy-boy est grand ouvert.

5

La crème pour le visage à quinze mille dollars, les Russes et moi

« Où habites-tu ? » me demandent les gens. Je réponds « dans l'Upper East Side » et ils lèvent les yeux au ciel. L'Upper East Side n'est pas cool. On s'y ennuie, tout est fermé après le coucher du soleil, il y a trop de poussettes et de gens âgés, et personne d'intéressant n'y habite. D'un autre côté, le fait qu'aucun hipster ou autre citadin branché ne veuille s'approcher du quartier, même dans son cercueil, explique le prix relativement abordable, du moins d'après les normes new-yorkaises, de mon appartement.

Pas de chance, c'était la seule chose abordable du quartier.

Bienvenue dans le monde de Madison Avenue

C'est ce que j'ai découvert quand je suis sortie faire un tour, le lendemain de mon emménagement. Ce matin-là, je suis tombée sur la vitrine d'un opticien. Me souvenant que j'avais besoin d'une nouvelle paire de lunettes, je suis entrée.

Avec ses boiseries en ronce de noyer et ses casiers décorés de boîtes à cigares, la boutique avait l'allure d'un club pour gentlemen qui, à l'occasion, vendrait aussi des lunettes. Un jeune homme très élégant est venu me demander si je souhaitais voir quelque chose. J'ai montré du doigt une monture en écaille. Je l'ai essayée. Mais je n'avais aucune idée de ce que ces lunettes pouvaient donner sur moi parce que, sans mes verres, je suis aussi aveugle que Piggy dans *Sa Majesté des mouches*.

— Je ne sais pas, ai-je annoncé. Vous pouvez me dire le prix ?

— Trois mille dollars, a annoncé le jeune homme avec désinvolture, comme si c'était le prix normal à payer pour une paire de lunettes partout dans le monde.

Trois mille dollars ? Vraiment ?

— Et bien sûr, il faut ajouter le prix des verres. Ce sera mille dollars par verre.

Donc, ça nous faisait des lunettes à cinq mille dollars.

— Très bien, ai-je dit en reculant, un grand sourire aux lèvres.

Je me suis sentie vraiment gênée en quittant le magasin. Je n'étais pas à ma place dans ce quartier, et tout le monde pouvait s'en rendre compte.

Le monde de Madison, c'est le nom que j'ai trouvé. Situé entre la Cinquième et Park Avenue, c'est une caverne d'Ali-Baba remplie d'or et d'argent, de montres incrustées de diamants et de pierres précieuses, de chaussures en croco et de robes étincelantes de cristaux cousus à la main. Dans le monde de Madison, les femmes, vêtues des créations les plus délirantes, paradent dans la rue comme si c'était le plus glamour des défilés de mode.

Tout le monde savait que j'étais une intruse. C'était évident à cause de mon pantalon de coton froissé, à la fois pratique et confortable. Évident à cause de mes cheveux qui n'avaient pas vu de coiffeur depuis des semaines. Mais, surtout, mes chaussures me trahissaient : des tongs Havaianas hors d'âge.

Il allait falloir que je réapprenne à m'habiller.

Inflation délirante des prix dans le monde de Madison

On pourrait penser que c'était tout simple : la solution évidente, c'était d'entrer dans une boutique de Madison Avenue et d'acheter quelque chose ; et voilà. Mais on ne fait pas ses courses sur Madison de cette manière. C'est une procédure complexe, incluant de nombreuses interactions avec des gens qui sont là pour décider si oui ou non ils vont consentir à vous vendre les vêtements exposés en vitrine, si oui ou non vous avez les moyens de les acheter, et si oui ou non, c'est une bonne chose que vous les portiez au vu et au su de tout un chacun. Faire des achats sur Madison Avenue, c'est un peu comme essayer de faire accepter son enfant dans une école privée très réputée.

En réalité, scolariser son enfant dans ce type d'établissement est peut-être moins pénible : au moins, là, vous n'aurez pas à vous déshabiller devant de parfaits inconnus.

Mais en tout premier lieu, il faut trouver quelque chose à essayer.

Ce n'est pas aussi facile que ça en a l'air. Les vêtements hors de prix sont souvent enchaînés à leurs portants comme des chevaux de trait à leur paddock. Ce n'est pas pour empêcher les vols, parce que les « vêtements » en question sont souvent des objets très élaborés, impossibles à dissimuler dans un sac ordinaire. Non, s'ils sont ainsi enchaînés, c'est pour vous rappeler sévèrement que vous ne devez pas y toucher. Sans l'aide d'un palefrenier, vous ne pourrez tout simplement pas approcher d'une cabine d'essayage.

Et si vous n'êtes pas déjà un chouïa intimidée en arrivant, attendez seulement de voir la cabine d'essayage. Il y a des chances pour qu'elle soit plus richement meublée que votre appartement. Vous y trouverez un canapé ou deux, et sûrement des tas de coussins. Vous verrez comment la boutique encourage ceux qui en ont les moyens à y organiser de petites réceptions entre amis, l'après-midi.

Et ceci nous amène au meilleur côté du shopping dans le monde de Madison Avenue : il y est très facile de boire un verre, ou même plusieurs. La plupart des boutiques servent du champagne. Et bien que les restaurants du quartier pratiquent des prix exorbitants, le champagne servi dans les magasins est gratuit.

De toute façon, vous aurez besoin de plusieurs coupes pour vous donner du courage. Outre les canapés, la cabine d'essayage comporte une estrade entourée de miroirs en pied sur trois côtés. Vous serez peut-être capable de survivre au choc de vous voir reflétée sous toutes les coutures, mais pourrez-vous survivre aux regards du personnel réuni au grand complet autour de vous ? N'oubliez pas que, lorsque vous serez en train de vous changer, vous entendrez inévitablement un petit coup frappé à la porte.

– Alors ? Comment ça va ?

Ce que le vendeur veut dire, bien entendu, c'est : « Alors, comment vont les vêtements ? »

Arrivé là, l'épreuve est loin d'être terminée. Si vous « trouvez quelque chose » que vous avez envie d'emporter chez vous, il vous faudra en faire l'acquisition. Partout dans le monde, ce genre de transaction s'opère en appuyant sur une touche. Pas dans le monde de Madison.

Bizarrement, pour une raison ou une autre, il faudra au moins quinze minutes pour enregistrer votre achat et vérifier votre carte de crédit. Pendant l'attente, vous pourrez vous affaler, épuisée, sur l'un des nombreux divans installés, comme pour vous inviter à défaillir, à proximité de l'alcôve où les vendeurs vont disparaître pour régler cette mystérieuse et interminable transaction.

Et enfin viendra le moment de payer la facture. Ce sera toujours plus que vous ne le craigniez. Entrer dans un magasin de Madison, c'est comme entrer dans un casino : vous n'avez aucune idée des sommes que vous pourrez y perdre.

Mais derrière les écrins scintillants de bijoux, derrière les cuirs fins et les jeux de backgammon incrustés de nacre, se cache un secret honteux : les boutiques de Madison sont en faillite.

C'est un refrain que j'ai entendu cent fois, répété par

tout le monde, depuis les vendeuses réunies dans la rue pour leur pause cigarette jusqu'au barman du Bar Italia.

Pour autant, les nouvelles ne sont pas nécessairement toutes mauvaises. Si les boutiques ont du mal à survivre, elles vont peut-être proposer des soldes. N'est-ce pas là la première règle en affaires : si une chose ne se vend pas, c'est sans doute parce qu'elle est trop chère ?

J'ai décidé de m'arrêter en premier lieu chez Ralph Lauren, où il y a souvent des promotions intéressantes. L'année dernière, j'y ai acheté le seul vêtement chic que je possède encore, un blouson de cuir, soldé à quatre-vingts pour cent. Je le porte partout, ce blouson, et je l'avais justement sur le dos le jour où je suis entrée dans la boutique.

Au-dehors, dans le monde, le cycle des mauvaises nouvelles dure vingt-quatre heures sur vingt-quatre, mais dès qu'on met un pied dans le magasin, on entre dans une autre dimension où rien de vraiment déplaisant ne peut arriver. Une vague odeur de bonbon flotte dans l'air, et la musique d'ambiance groovy est assez familière pour vous donner l'illusion d'avoir vingt ans de moins et tout l'avenir devant vous. On a un peu l'impression d'être à l'intérieur d'un œuf.

Cette impression n'a pas duré.

J'ai été immédiatement entourée par une flottille de vendeurs qui avaient repéré mon blouson.

– Oh ! Je reconnais ce blouson ! Je l'ai toujours adoré.

– Vous avez vu le modèle de cette saison ?

– Euh, non. Mais de combien de blousons une femme peut-elle avoir besoin ? ai-je répondu en examinant par politesse la veste de cuir cloutée qui avait été détachée de ses chaînes pour m'être présentée comme un nouveau-né.

J'ai pu jeter un coup d'œil à l'étiquette du prix : cinq mille dollars. Rien d'étonnant à ce qu'ils se soient jetés sur moi. Comment pouvaient-ils deviner que jamais mes moyens ne me permettraient cette folie, et que le modèle que je portais n'avait coûté que le vingtième du prix original ?

Espérant pouvoir m'esquiver, j'ai glissé un regard vers la porte, mais le groupe compact des vendeurs m'empêchait de passer. Ce que j'avais entendu raconter partout au sujet des commerces en faillite devait être vrai : ces pauvres jeunes gens avaient l'air désespérés.

La question, c'était : jusqu'à quel point ? Et qu'étaient-ils capables de me faire quand ils découvriraient que j'étais une acheteuse factice, une faussaire ? J'imaginais une scène dans le genre de *L'Invasion des profanateurs de sépultures.*

J'ai manœuvré pour me diriger vers l'étage, mais deux vendeuses m'ont suivie.

– Y a-t-il quelque chose que vous désirez voir en particulier ?

Tout de suite, mon œil a été attiré par l'objet le plus chatoyant, le plus flamboyant de la pièce, une énorme robe de bal en tulle. Je me suis précipitée dans sa direction, espérant peut-être pouvoir me cacher derrière ses vastes jupons.

Rien à faire.

– Puis-je vous aider ?

– Oh, je me demandais simplement... le prix, ai-je murmuré.

– Que désirez-vous savoir ?

– Combien coûte-t-elle ?

La vendeuse s'est approchée pour retourner l'étiquette. J'ai retenu mon souffle tout en calculant rapidement que vingt ans plus tôt cette robe aurait coûté trois mille cinq cents dollars. En tenant compte de l'inflation, elle devait aujourd'hui avoir atteint les cinq mille. Mais il ne fallait pas oublier la taxe somptuaire.

La taxe somptuaire, c'est le prix à payer parce qu'on est riche. S'il y a une chose que personne ou presque ne comprend, c'est que les riches adorent plus que tout plumer leurs congénères, les autres riches. C'est pourquoi plus les riches s'enrichissent, plus ce qu'ils ont besoin d'acheter, pour prouver qu'ils font bien partie du club – les yachts, les maisons dans les Hamptons, les vêtements –, devient hors de prix.

Donc, en tenant compte de la taxe somptuaire, j'ai évalué le prix de la robe à huit mille dollars.

J'avais tort.

– Vingt mille dollars, a annoncé la vendeuse.

J'ai sursauté. La taxe avait donc grimpé à douze mille dollars. À cause d'elle, la robe n'était plus accessible qu'aux super-riches. Au fameux un pour cent.

– Vingt mille dollars ! Mais c'est le prix d'une petite voiture. Qui peut se permettre de payer un prix pareil ?

La vendeuse a jeté un coup d'œil autour d'elle pour vérifier que personne ne pouvait nous entendre.

– Vous seriez très étonnée si je vous le disais.

– Mais qui ?

– Je ne peux pas vous le dire, a-t-elle chuchoté. Mais vous voulez l'essayer ?

– Non, merci. Parce que je ne pourrais jamais la payer. Et je n'aurais pas non plus l'occasion de la porter.

– Ah, mais on ne sait jamais !

Et voilà. Le mantra des éternels optimistes. Achetez la robe, emportez-la chez vous. Le charme va peut-être opérer, qui sait ? Peut-être va-t-elle vraiment transformer votre vie ?

Combien, ce modèle-là, dans la vitrine ?

Depuis des semaines, je clopinais dans une vieille paire d'escarpins qui me faisaient mal, mais pas aussi mal que toutes mes autres vieilles paires de chaussures. Je pouvais tenir au moins deux heures sans m'évanouir de douleur. Finalement, j'ai pris une décision.

– Je ne peux plus. Je ne peux plus marcher.

Il était temps d'acheter une nouvelle paire de chaussures. Et puisque je n'avais pas des moyens illimités, il convenait de voir les chaussures comme un investissement.

Ce qui voulait dire que je devais choisir un classique, un soulier adapté à toutes les circonstances, du matin au soir. Qui irait aussi bien avec un pantalon qu'avec une robe de cocktail. Et qui conviendrait vraiment à mon pied. Je devais pouvoir marcher avec.

Je savais exactement ce qu'il me fallait.

C'étaient des boots à plateforme en daim noir, avec un laçage cousu à la main, et une rosette sur le cou-de-pied. Malgré la rosette, le modèle avait un air robuste et presque militaire.

Comme nous étions sur Madison, il n'était pas question d'entrer dans la boutique, d'essayer les chaussures et de les acheter. Il y avait un protocole à respecter, comme chez Ralph Lauren. Les vendeurs de chaussures sont plus aimables si vous avez déjà aux pieds un modèle coûteux, convaincus que si vous portez des chaussures de luxe, vous allez pouvoir vous en offrir beaucoup d'autres. En conséquence, j'ai repêché une paire de boots de créateur à talons plats achetées juste avant de quitter la ville. Elles ne m'allaient pas du tout, mais je me souvenais qu'à l'époque je nageais dans la plus grande confusion. Je venais de divorcer et je ne savais pas très bien comment assurer la suite. Le vendeur, un jeune homme aux boucles soignées et aux yeux enthousiastes de jeune chiot, avait mentionné que Nicole Kidman portait les mêmes, indiquant pour preuve un poster épinglé sur le mur.

Sur la photo, Nicole Kidman avait l'air d'une femme qui sait ce qu'elle veut et où elle va. Ce n'était pas une femme triste. Ce n'était certainement pas une femme seule, déprimée, rongée par le sentiment d'avoir raté sa vie. Elle maîtrisait ses pensées et son destin.

J'ai acheté les chaussures et tenté de marcher avec. Les proportions ne me convenaient pas du tout. Les bottes faisaient paraître mes jambes plus courtes, mes pieds plus longs. C'étaient des objets coriaces, étroits et perfides, qui m'écrasaient les orteils. Je les ai portées deux fois avant de les cacher au fond de ma penderie.

Jusqu'à maintenant.

Une chose était sûre, ces horreurs me faisaient toujours aussi mal.

Je me suis traînée jusqu'au magasin, un sourire figé aux lèvres. Pour parvenir au rayon chaussures, situé tout au fond, il fallait d'abord suivre sur une vingtaine de mètres des rangées de vêtements que je n'avais pas les moyens de m'offrir. J'ai dépassé les couples de quarantenaires de la Silicon Valley qui, eux, les avaient, et les vendeuses indécises, incapables de décider s'il fallait me proposer ou non leur aide.

– J'aimerais… voir une paire de chaussures, en vitrine ?

Comme d'habitude, la vendeuse m'a demandé de quel modèle il s'agissait, comme si, forcée de revenir vers la vitrine, je pouvais décider de sortir et de m'éloigner dans la rue, ce qui m'arrivait parfois.

Les chaussures n'étaient plus sur leur présentoir.

Elles avaient tant de succès qu'une femme était justement en train d'essayer la seule paire qui restait en quarante.

Ma taille.

Je ne sais pas quelle expression est passée sur mon visage, mais la vendeuse a eu pitié de moi tout de suite.

– Elles taillent petit, a-t-elle affirmé.

Elle était sûre d'avoir encore un quarante et demi en réserve. Ça m'irait sûrement très bien.

La femme qui essayait ma pointure était l'archétype Madison. Elle paraissait quarante ans mais pouvait être bien plus âgée. Les cheveux blond Madison, une teinte ni trop platine, ni trop dorée, chaleureuse sans être voyante. Des mèches dynamiques, coupées ni long ni court, en un mot un style de coiffure parfaitement interchangeable qui flatte la plupart des femmes et leur donne à toutes des airs de sœurs jumelles. C'est au point que les blondes de Madison sont souvent confondues les unes avec les autres, même par leurs maris.

Peu importe. Le blond Madison est une couleur ambitieuse mais accessible, et surtout sociable. Elle permet aux femmes qui le portent de se reconnaître instantanément entre elles, et de devenir amies sans risque puisqu'elles ont sans doute une autre blonde Madison dans leurs relations communes.

Si je devais m'intégrer dans le monde de Madison, il allait falloir que je devienne une version de cet idéal. Ça signifiait que si la blonde achetait les chaussures, j'avais besoin des mêmes.

La vendeuse est revenue vers moi. Il ne lui restait plus qu'une taille quarante et un. Elles seraient trop grandes, ça ne faisait aucun doute.

– Je vais les essayer quand même, ai-je dit en ajoutant la célèbre réplique d'autopersuasion féminine : On ne sait jamais.

Elle m'a tendu les chaussures avec une moue dubitative. Je les ai déballées, posées sur le tapis. J'ai glissé mes pieds à l'intérieur. Je me suis levée, lentement pour garder mon équilibre. Les chaussures, qui paraissaient fines et délicates dans la vitrine, étaient en réalité d'énormes godillots, impossibles à manœuvrer dans le paysage de pavés inégaux, de marches, de grilles et d'obstacles citadins divers qu'on rencontre en marchant sur des talons hauts. Il m'aurait fallu une paire de mollets de fer, entraînés au Pilates tous les jours.

J'ai avancé d'un pas. Puis d'un autre. Les chaussures étaient vraiment superbes, et tout le monde le voyait.

– Mais elles sont trop grandes, a remarqué la vendeuse.

C'était assez vrai. Il y avait bien un centimètre entre mon talon et le contrefort.

– Je peux appeler nos autres boutiques, voir si quelqu'un a encore une taille quarante...

– Non, elles me vont très bien, ai-je dit. Je peux marcher avec.

Le triomphe d'avoir réussi à obtenir la bonne paire de chaussures a dû déclencher une réaction quelconque dans mon cerveau : je ne pouvais plus arrêter d'acheter. Quand le drugstore hors de prix du coin de la rue a annoncé qu'il liquidait ses stocks avec une ristourne de cinquante pour cent, je me suis offert une mini-orgie d'achats. J'avais tout à coup besoin d'un tas de choses dont je m'étais très bien passée depuis des lustres : des gants de cuir, des pinceaux à maquillage, six flacons de shampoing qui valaient d'habitude quarante dollars pièce.

Mon avant-dernier achat a été une paire de bottes en néoprène rose vif. Je me suis convaincue que c'était une bonne idée de les acheter en me répétant qu'elles étaient de la même matière que les chaussons de surf et, par conséquent très confortables et bien moins chères que des bottes de cuir.

Cela étant, elles n'étaient pas vraiment pratiques. La couleur hurlait « regardez-moi ! ». Dans le monde réel, quand vous portez un accessoire conçu pour attirer l'attention, vous êtes de préférence une top model d'un mètre quatre-vingt-dix, en tout cas quelqu'un d'aussi jeune que séduisant. Mais je ne vivais pas dans le monde réel. Je vivais dans le monde de Madison, où pullulent les fashionistas. Outre la blonde typique et la top model, on y trouve une troisième espèce : la femme d'un certain âge vêtue d'une manière qui partout ailleurs apparaîtrait saugrenue et extravagante.

D'un bout à l'autre de l'avenue, on croise des femmes parées de couleurs fluorescentes. Elles portent des combinaisons intégrales en cuir noir, des survêtements vert acide avec des chaussures de sport à plate-forme, des pantalons à paillettes et à incrustations de satin qui rappellent les costumes de cirque. Et les coiffures ! Les mèches décolorées en blond se parent de reflets bleu vif ou rose fuchsia, de verts et de bleu plume de paon. Dans la tradition de Madison, qui se ressemble s'assemble ; et je vois des groupes bariolés de femmes qui fument, attirées par la lumière d'un lampadaire, ou bien installées sur les chaises vert et blanc à la terrasse de Ladurée où elles dégustent des macarons pastel.

Il est clair que ces femmes ne sont pas originaires du monde de Madison. Les femmes convenables du quartier n'éclatent pas de rires bruyants, ne hurlent pas dans leurs téléphones portables. Elles n'expriment jamais d'émotions en public. Et surtout, elles ne fument pas, ni chez elles, ni encore moins dans la rue.

Un jour, j'ai cédé à la curiosité. J'ai aperçu un groupe devant une boutique et je me suis approchée pour demander une cigarette et prêter l'oreille.

C'étaient des Russes. Ou des femmes qui parlaient russe. Intéressant. Quelqu'un de bien informé m'avait expliqué que les Russes étaient très largement responsables de la flambée des prix sur Madison, due à la progression excessive de la taxe somptuaire. Les Russes avaient les moyens de payer toutes les robes présentées dans les magasins, et les prix s'envolaient.

Les princesses de Park Avenue, mariées à des milliardaires américains, contre-attaquaient. Même elles trouvaient que, vraiment, vingt mille dollars pour une robe du soir, c'était trop.

Mais les Russes avaient investi Madison. Et ils ne se contentaient pas d'acheter des vêtements.

Les Russes et moi

Du coup, sans autre identité à laquelle m'accrocher, je suis devenue ce vieux cliché urbain : la femme active incapable de se déplacer sans une multitude de sacs et paquets divers.

J'avais oublié ce mode de vie pendant des années, et je me souvenais sans plaisir de l'expérience. Le principe est de tout trimballer avec soi : travail, chaussures, une vie entière, le tout dans des sacs à main aussi grands que des gibecières, des pochettes en papier provenant de divers grands magasins et des sacs d'épicerie en plastique. En se frayant un chemin dans la neige fondue entre les poussettes, les piles d'ordures plus ou moins toxiques, les coursiers à vélo, ou encore en montant et descendant les escalators et les marches glissantes du métro, la citadine a tendance à se voûter sous le poids de son chargement. Elle traîne ses affaires du bureau au bar où elle passe la soirée, puis à la boîte de nuit et aux toilettes de la boîte de nuit, avant d'arriver finalement jusqu'à son minuscule studio. Elle a mal au dos, elle ne sent plus ses pieds, mais elle continue à tout transbahuter avec elle, espérant vainement qu'un jour quelque chose de magique arrivera et qu'elle n'aura plus à se coltiner sa vie entière à chaque pas.

Mon chemin me conduisait d'un bout à l'autre de Madison, et je passais souvent devant un groupe de jeunes Russes agglutinés sur les marches d'une boutique. Ils étaient tous beaux et avaient cette assurance des jeunes qui se savent plus cool que tous ceux qu'ils rencontrent. Ils écoutaient parfois de la musique mais, la plupart du temps, ils se contentaient de rire entre eux et de harceler les passants. Un jour, je les avais vus suivre une femme sans défense en lui expliquant qu'ils pouvaient l'aider à se défaire de ses « yeux tristes ».

De temps en temps, un type plus âgé, mince comme un fil, visiblement leur responsable, sortait de la boutique et leur hurlait de retourner au travail, celui-ci consistant à distribuer aux passants des échantillons de crème hydratante pour le visage.

Non, merci.

Je déteste accepter des échantillons. J'ai horreur de faire la conversation avec des inconnus. J'ai réussi à éviter leurs griffes jusqu'au jour où une fille m'a lancé :

– Salut, j'aime bien votre style.

Ça m'a stoppée net.

Après tout, qui pouvait mieux s'y connaître, question style, que ces jeunes gens ? Ils étaient dehors toute la journée à observer les personnes les plus glamours qui déambulaient sur cet immense podium – Madison Avenue.

J'ai fini par faire la connaissance de ces Russes. Quand j'étais de bonne humeur, je m'arrêtais pour accepter un petit sachet de crème et pour bavarder un peu à propos de mes chiens. Si j'étais de mauvaise humeur, je changeais de trottoir. Je les avais vus proposer à des femmes d'entrer dans la boutique, mais à moi ils ne proposaient rien. J'avais un peu l'impression qu'ils ne me trouvaient pas assez chic pour leurs crèmes de beauté.

Un jour est venu où je me suis sentie vraiment déprimée, trop même pour traverser la rue. Dans ma tête résonnait sans fin l'alarme de la vieillesse à venir – à partir de maintenant tout ne peut que décliner ! J'étais convaincue qu'il ne m'arriverait plus rien d'intéressant, jamais, que l'âge venant allait me ravir tous les plaisirs et les intérêts de la vie, ne me laissant plus qu'une existence sinistre et inutile.

Et ce jour-là, le jour où ils ont foncé sur moi, j'étais particulièrement chargée de sacs en tout genre.

– Vous êtes tellement pressée, m'a dit la fille qui avait loué mon style.

Nous échangions presque toujours quelques plaisanteries. Elle était grecque et non russe comme les autres, et c'était la plus aimable du lot. Je me suis arrêtée. Pour je ne sais quelle raison, j'avais envie d'expliquer ma situation. Certes, j'étais pressée, mais je ne faisais rien de très important.

– Vous avez besoin de vous détendre, a lancé une autre fille.

Elles avaient raison. J'avais vraiment besoin de me détendre.

– Vous fumez ? m'a demandé le garçon très mince.

C'était lui le plus dédaigneux du groupe, peut-être parce qu'il avait le physique d'un top model. Il m'a tendu un paquet de cigarettes étrangères. Ils ne m'avaient encore jamais offert de cigarettes. Pensant que ce serait grossier de refuser, j'ai accepté. L'idée qu'ils cherchaient à nouer des liens d'amitié m'a traversé l'esprit.

– Hé ! a dit la jeune Grecque, vous travaillez si dur que j'ai envie de vous faire plaisir.

– Ah bon ?

– Vous voulez vous débarrasser des poches que vous avez sous les yeux ?

Alors ça, oui.

Elle a jeté un coup d'œil au garçon, comme si elle cherchait son approbation avant de m'admettre dans le saint des saints de la crème pour le visage. Comme s'il était le videur physionomiste chargé de trier les heureux élus. Il m'a examinée des pieds à la tête, un sourcil levé comme si j'étais *a priori* une cause perdue, et il a eu un hochement de tête.

J'étais acceptée !

L'intérieur ne m'a pas déçue. Blanc et lisse comme le décor futuriste d'un théâtre de Broadway. Des marches de marbre rehaussées d'un filet doré menaient à une espèce de scène, mais qui ne servait qu'à loger la caisse.

Je savais que j'avais fait une erreur. Cette boutique allait me coûter une fortune, une fortune bien au-delà de mon budget.

– Je suis désolée, je ne peux pas...
– Allez, venez, ça ne prendra que cinq minutes.
Je voulais résister. Ce qu'on appelle cinq minutes sur Madison, c'est quinze ou vingt partout ailleurs.
– Vous n'avez pas cinq minutes ? a demandé la fille d'un air parfaitement incrédule. Cinq minutes pour vous refaire une beauté pour votre fiancé ?
– Je n'ai pas de fiancé, ai-je protesté en riant.
– Mais peut-être qu'après avoir suivi notre traitement, vous en aurez un.
Elle m'a poussée vers un fauteuil installé près de la vitrine. Après m'avoir retiré mes lunettes, elle a commencé à me tapoter délicatement les joues comme si j'étais un lapin apprivoisé.
– Jolie, a-t-elle dit. Pourquoi vous êtes si jolie ?
C'était une question à laquelle personne ne pouvait répondre et je l'ai aussitôt soupçonnée de la poser à toutes les femmes qui s'asseyaient dans ce fauteuil. D'un tiroir, elle a sorti une seringue géante, en a fait jaillir une épaisse crème beige et a commencé à masser les paupières inférieure et supérieure de mon œil gauche.
Le résultat faisait penser à ces jeux de magie scientifiques – de minuscules dinosaures qui grossissent à vue d'œil de mille pour cent dans l'eau –, mais à l'envers : les poches et les rides autour de l'œil ont disparu. La peau était miraculeusement lisse.
Mon humeur est aussitôt passée au beau fixe. Si je pouvais aussi facilement me débarrasser de mes poches, je pouvais peut-être dire adieu à mes rides en général ? À visage plus jeune, vie nouvelle. Finalement, tout n'était

peut-être pas encore fini… La vie me réservait-elle un dernier tour de piste ?

La voix du jeune vendeur russe m'a tirée de ma rêverie. Il s'était approché pour examiner le résultat.

– On vous a dit que nous faisions une promotion spéciale en ce moment ? Quatre cents dollars pour le produit, et nous vous offrons le soin du visage.

– Le soin est offert ? Vous voulez dire, le soin complet du visage ?

J'ai examiné la peau autour de mes yeux. S'ils avaient trouvé une formule qui marchait aussi bien partout, j'étais prête à tout, absolument tout, pour l'essayer.

Et c'est comme ça que j'ai acheté la crème magique anti-cernes-et-poches à quatre cents dollars, et pris rendez-vous pour un soin, le lendemain à trois heures.

– Vous avez de la chance, m'a dit le responsable. Krystal sera là. C'est elle qui s'occupera de vous.

– Qui est Krystal ?

– C'est celle qui fait des miracles pour la peau.

– Une déesse, a ajouté le jeune homme filiforme.

– C'est la mère Teresa de la jeunesse éternelle.

Chacun s'est joint au concert de louanges dédié à la mystérieuse jeune femme russe, Krystal. Le doyen a repris la parole :

– Tout ce que je peux vous dire, c'est que, quoi qu'elle vous dise de faire, vous avez intérêt à l'écouter !

Et merde. Dans quel guêpier étais-je encore allée me fourrer ?

Guêpier ou pas, je me suis levée le lendemain avec la ferme intention d'annuler ce rendez-vous. Malins, les

Russes ont dû sentir le vent : à neuf heures pile, j'ai reçu un appel de la fille du magasin.

Elle confirmait mon rendez-vous, et me rappelait que j'avais vraiment beaucoup de chance parce que Krystal allait s'occuper de moi. Krystal avait le pouvoir de changer ma vie.

Je n'ai pas eu le courage de lui dire que je voulais annuler.

Je m'attendais à quelque chose de très high-tech et presque médical, mais on m'a fait asseoir sur un tabouret pivotant, devant un comptoir à maquillage. Je devais avoir l'air sceptique parce que toute l'équipe s'est réunie autour de moi pour encore me vanter les mérites de Krystal. C'était un pur génie de la peau. Son boss m'a informée que c'était inespéré qu'elle soit à New York en ce moment, car elle y était très, très rarement.

– Où est-elle d'habitude ?

– Elle voyage dans le monde entier. Elle va en Californie. En Suisse. À Paris.

– Et en Russie, non ?

Il m'a jeté un coup d'œil interloqué.

Quand ils m'ont enfin laissée seule, j'ai enlevé mes lunettes pour pouvoir lire l'écran de mon téléphone, mais Krystal, sortant d'un couloir latéral, est arrivée tout de suite.

Elle était très, très jolie, vêtue d'une chemise blanche impeccable, d'une jupe crayon noire et chaussée d'escarpins noirs. Des cheveux blond-blanc, des yeux bleus où l'iris pâle était cerclé de bleu plus sombre. On voyait la naissance de ses seins dans l'échancrure de sa chemise. Elle tenait à la main un iPad et un carnet. Elle avait l'air diaboliquement efficace. Une grande détermination émanait d'elle, comme si elle jouait un rôle.

Elle avait aussi un bouton sur le menton. Je l'ai vu quand elle s'est penchée vers moi pour examiner ma peau. Ce bouton m'a inquiétée. N'utilisait-elle pas les produits qu'elle vendait ? Et les autres, ils ne s'en servaient pas non plus ? Ils étaient sans doute comme moi, ils n'avaient pas les moyens de se les offrir. Aucun des membres de l'équipe n'avait une peau parfaite.

Moi non plus, d'ailleurs.

Krystal a fait un pas en arrière et m'a regardée sévèrement.

– Quel genre de personne êtes-vous ? m'a-t-elle demandé.

– Pardon ?

– Êtes-vous le genre de personne qui peut supporter la vérité ?

– Je crois, oui.

– Je suis sûre que tous vos amis vous disent que vous êtes magnifique. C'est vrai, non ?

– Eh bien, ce sont mes amis, alors…

– Mais moi, je ne suis pas votre amie. Pas encore, a ajouté Krystal en soupirant. Alors je vais être honnête avec vous. Votre peau est très moche.

Pendant un instant, j'ai été piquée au vif. Mes amis, que le diable les emporte ! Mais j'ai soupiré à mon tour.

– C'est bien pour ça que je suis ici. J'ai envie d'avoir meilleure mine.

Krystal a touché mon visage.

– Vous avez reçu un peu trop d'injections dans les joues.

Tous mes dermatologues m'ont dit la même chose, avant de faire une nouvelle injection. Rien qu'une toute petite.

– Et cette rosacée !

Bon, oui, il y avait ça, aussi. Rien de nouveau de ce côté-là.

Mais Krystal avait quand même de bonnes nouvelles.

– Si vous faites tout ce que je vous dis, je peux vous arranger ça. Votre peau sera parfaite. Je peux vous rajeunir de vingt ans.

Vingt ans ? C'était tout un programme, qui ne me semblait guère réalisable, scientifiquement parlant. Mais je n'étais pas encore prête à abandonner.

– Et vous n'aurez plus besoin de Botox ni d'injections. Plus jamais.

Ça, ça m'a fait sursauter. Le Botox et les injections sont les deux piliers sur lesquels repose cette notion de « paraître plus jeune ». S'il existait quelque part une crème aux effets semblables à ceux-là, j'en aurais entendu parler. Mais en réfléchissant, j'ai compris qu'en réalité, j'en avais entendu parler.

Queenie m'avait parlé de ces gens qui persuadaient les femmes de l'Upper East Side de dépenser des milliers de dollars pour des produits en leur jurant qu'elles n'auraient *plus jamais besoin de Botox ni d'injections*. Mais qui pourrait être assez stupide pour croire ça ? avais-je demandé.

J'étais sur le point de le savoir.

– Je crois que je peux vous aider, a dit Krystal.

Elle s'est encore penchée, comme font les jeunes qui pensent avoir affaire à une personne très âgée, plus qu'elle ne l'est en réalité, et qui l'imaginent un peu sourde. J'avais la naissance de ses seins dans mon champ de vision. J'ai vite relevé la tête pour la regarder dans les yeux.

– Il faut que vous me promettiez une chose, a-t-elle annoncé.

– Quoi ?

– Si je vous dis ce qu'il faut faire, vous le ferez ?

J'ai hésité, me demandant si je pouvais encore espérer m'échapper poliment, mais la jeune vendeuse grecque m'a passé une cape sur les épaules, puis une serviette autour du cou, recouverte d'une feuille de plastique. Mon tabouret a pivoté pour que je me trouve face au miroir.

Emmaillotée dans ma cape et ma serviette, privée de mes lunettes, j'étais cuite. J'ai écarquillé les yeux pour tâcher d'affronter ce qui allait suivre.

Quel est votre chiffre ?

– Et maintenant, nous allons commencer le traitement, a annoncé Krystal.

Avec des gestes rapides, elle a recouvert la moitié de mon visage d'une mixture qui ressemblait à de l'argile.

Sa tâche terminée, elle a reculé d'un pas pour que je puisse admirer le travail. Elle a même approché sa tête de la mienne comme si nous étions deux ados prêtes pour un selfie.

– On va faire d'abord un côté du visage, puis l'autre.

Comme ça, vous verrez le résultat avant, et après. C'est génial, non ?

– Oui. Génial.

Elle s'est assise sur son tabouret, face au mien. Nous avons échangé un sourire.

– Mais dites-moi, ça va prendre combien de temps pour chaque côté ?

Elle a haussé les épaules.

– Vingt, vingt-cinq minutes ?

J'ai senti mon cœur s'arrêter. J'allais être coincée là pendant une bonne heure, ou plus.

C'était abominable. Je n'ai jamais aimé les séances chez l'esthéticienne parce que je n'ai pas la patience de les supporter jusqu'au bout. Qu'est-ce que j'allais bien pouvoir faire pendant une heure entière ?

Il ne m'a pas fallu longtemps pour le savoir.

Krystal a saisi son bloc et son crayon et s'est approchée. Un instant, j'ai espéré qu'elle allait simplement me faire la conversation, mais elle a tout de suite commencé à me poser des questions gênantes sur l'état de mes finances. Combien pouvais-je dépenser en Botox et en injections par an ?

– Deux mille dollars, peut-être ? ai-je répondu.

Elle m'a regardée d'un air plein de pitié.

– La plupart des femmes dépensent douze mille dollars.

Elle a noté quelque chose sur son carnet, mais je ne voyais pas quoi, naturellement.

– Et combien vous dépensez pour votre routine quotidienne de soins de la peau ?

– Ma routine ?

– Oui. Lotion démaquillante, soin tonifiant. Crème antirides. Masques. Mille dollars par mois ?

Certainement pas.

En hochant la tête, elle a inscrit des chiffres sur sa feuille qu'elle a retournée pour me la montrer.

– Alors voilà, ça, c'est ce que vous dépensez par an en soins du visage. Et ça, a-t-elle dit en m'indiquant un autre chiffre, c'est ce que vous dépensez en deux ans.

Comme je ne voulais pas réclamer mes lunettes ni les mettre sur mon nez visqueux, j'ai fait ce que je fais dans ces cas-là : j'ai prétendu être capable de lire. Et je pouvais encore déchiffrer l'attitude de Krystal : elle s'attendait visiblement à me voir exprimer stupeur et indignation. Je me suis exécutée.

Avec un grand geste du bras, elle a rayé ses calculs et a tourné la page.

– Qu'est-ce que vous diriez si je pouvais améliorer l'état de votre peau sans Botox ni injections, et sans que vous ayez besoin d'acheter une seule crème pendant deux ans, le tout pour la moitié de ce prix-là ? Et si je vous disais que je peux rajeunir votre peau de vingt ans en deux ans pour la moitié de la moitié ? Et si je vous disais que je peux faire tout ça pour vous, et plus encore ? Qu'êtes-vous prête à payer ?

– Franchement, je n'en ai aucune idée.

Elle a noté quelque chose qu'elle a entouré d'un cercle, comme pour jouer à la maîtresse d'école. Je commençais à avoir mal au cœur. J'étais vraiment dépassée par la situation.

Comment ça, dépassée ? J'étais une adulte indépendante, responsable de ma vie et de mes finances.

Et puis enfin, combien pouvait coûter cette maudite crème ?

Elle est passée à un interrogatoire en règle sur mes habitudes de vie. Étais-je disciplinée ? Capable de mettre au point une routine quotidienne ?

– Une routine quotidienne ?

– Bon, alors vous n'en avez pas. Si quelqu'un vous explique comment faire, le ferez-vous ?

Je ne le ferais sûrement pas. C'était peut-être de la paresse, mais je n'avais qu'une chose en tête à ce moment-là : ne me donnez pas de nouvelles obligations, par pitié. Ne me donnez pas encore une autre tâche, surtout inutile. J'ai décidé de biaiser.

– Je peux peut-être essayer.

– Et si on vous donne des instructions ?

– Je peux les suivre.

– Parce qu'il faut faire ce soin du visage une fois par mois.

– Quel soin ?

Je ne comprenais plus où elle voulait en venir.

– Je vais vous montrer comment faire. Vous apprendrez. Et maintenant, je vais appliquer la crème activante. Vous allez sentir un peu de chaleur.

Elle a passé un gel incolore sur le masque, qui s'est mis aussitôt à chauffer.

– Vous sentez la chaleur, oui ? Vous la sentez ?

– Oui.

– Ça veut dire que le produit fait son effet.

– Il y aura vraiment un effet ?

Elle m'a jeté un de ses drôles de regards.

– Naturellement.

Sur son iPad, elle m'a montré des « preuves » : des photos prises avant et après traitement, auxquelles elle accédait grâce à un lien.

– Nous ne sommes pas censés les montrer, mais… je vais vous les faire voir quand même, a-t-elle chuchoté après un coup d'œil furtif autour de nous.

Les photos, m'a-t-elle expliqué, avaient été prises dans un petit village de Sibérie où personne n'avait jamais usé de crèmes cosmétiques.

– Bien sûr, nous les payons, a-t-elle ajouté en haussant les épaules.

Je n'écoutais plus. J'étais fascinée par ces images de femmes ridées comme de vieilles pommes reinettes subitement transformées en reines de beauté.

Bon, les résultats n'étaient peut-être pas aussi extraordinaires. Mais extraordinaires, ils l'étaient bien assez : je ne pouvais plus m'empêcher d'imaginer ce que cette crème merveilleuse pourrait faire pour moi.

Combien ?

Au moment où j'étais prête à parler chiffres, Krystal ne l'était plus. Tout à coup, elle voulait me parler de Dieu.

– Ce matin, je me suis réveillée et j'ai prié Dieu, m'a-t-elle annoncé. Et Dieu a répondu à mes prières.

– Ah bon ?

J'étais plutôt déconcertée. Si je devais vendre des crèmes de beauté sur Madison, je ne suis pas sûre que j'inclurais mes conversations avec Dieu dans mes techniques de vente.

– Je crois que vous nous avez été envoyée pour une raison, a poursuivi Krystal.

Sans blague. Si vous êtes assise sur une chaise, la moitié du visage couverte de boue, vous savez très bien que vous êtes là pour une raison. Et elle est simple : on va vous soutirer de l'argent d'une manière ou d'une autre. L'opération peut être réalisée avec douceur ou sous la torture, mais une chose est sûre : vous ne vous lèverez pas de votre chaise, vous ne rentrerez pas chez vous, vous ne serez pas autorisée à revenir avant d'avoir ouvert votre portefeuille pour les laisser en extraire quelques milliers de dollars.

J'ai encore demandé combien.

Krystal a encore essayé de me faire le coup de la moitié des deux années divisées par les deux tiers de son calcul complètement bidon, mais je lui ai dit d'arrêter son cinéma et de me donner un chiffre. Quand elle a refusé, je me suis vraiment sentie mal. Si on ne veut pas vous donner un chiffre oralement, c'est mauvais signe. C'est la technique des revendeurs de voitures d'occasion.

Elle a écrit quelque chose, l'a entouré d'un cercle et m'a tendu son carnet. À ce stade-là, ça m'était égal de paraître vieille. Je me suis penchée en avant en clignant des yeux pour lire les chiffres.

C'était flou, mais je pouvais distinguer le un, le cinq et trois zéros.

Mon cerveau n'a pas suivi tout de suite. Quinze mille ? Quinze mille ?

Quinze mille dollars pour une crème antirides ?

Mon cœur s'est mis à battre comme un fou. Je savais

que tout ça allait coûter cher, mais à ce point ? Un instant, j'ai pensé que j'avais été projetée dans un univers parallèle. J'ai essayé d'expliquer la réalité à Krystal, de la façon la plus claire possible.

– Je suis désolée. Mais je n'ai absolument pas les moyens de dépenser *quinze mille dollars en crèmes de soin*.

– Mais ce n'est que sept mille cinq cents par an.

– Je suis désolée. Mais je n'ai absolument pas les moyens de dépenser sept mille cinq cents dollars par an en crèmes de soin.

– Mais c'est votre visage ! s'est écriée Krystal comme si j'attaquais le Saint-Graal de la féminité. C'est ce que vous présentez au monde ! C'est votre passeport dans la vie.

Le mot « passeport » m'a rappelé ma dernière photo d'identité, prise justement pour un renouvellement de passeport. J'avais l'air si ravagée que c'en était choquant. Mais ma résolution était plus forte que le souvenir d'une mauvaise photo d'identité. J'ai poussé un profond soupir.

– Je ne peux pas, c'est tout.

Sentant que quelque chose ne se passait pas comme prévu, le doyen des Russes s'est approché de nous.

– Il y a un problème ? a-t-il demandé, comme si Krystal et moi avions interrompu un cours magistral.

Comme si nous ne suivions pas le scénario prescrit, auquel cas Krystal avait tout intérêt à me ramener fissa dans le droit chemin.

– Aucun, ai-je répondu avec un regard vers Krystal. Il n'y a pas de problème.

– Krystal va changer votre vie, vous allez voir. Tout ce qu'elle vous dira de faire, vous aurez intérêt à le faire, m'a-t-il rappelé en agitant un doigt menaçant.

Krystal a annoncé qu'il était l'heure d'enlever le masque. C'était plus facile à dire qu'à faire. Il a fallu un temps fou pour faire disparaître cette substance visqueuse. Tout le monde s'est attroupé autour de moi pour admirer le résultat. Bien entendu, il n'y en avait aucun. Mais au point où nous en étions, ça n'avait plus d'importance.

Beauté en toc

Maintenant que j'étais débarrassée du masque, je savais que c'était ma dernière chance de m'évader. Si je les laissais traiter l'autre moitié du visage, j'étais coincée encore pour une bonne demi-heure. Trente minutes passées à dire niet. Je n'avais aucune possibilité de m'enfuir avant, la figure couverte de boue.

Eux aussi le savaient.

Et donc, j'ai eu beau donner toutes les excuses de la terre, les Russes les ont écartées l'une après l'autre : je n'allais quand même pas partir avec une moitié du visage radieuse et pas l'autre ?

– J'ai un bon feeling à votre sujet, a répété Krystal. Je sens que vous nous avez été envoyée pour une raison. Je suis décidée. Je vais vous aider.

– Mais…

– Vous avez des tas d'amies, pas vrai ?

– Oh, oui, bien sûr. Je crois.

– Je vais vous dire ce que nous allons faire : nous allons passer un accord, vous et moi.

J'ai tout de suite vu une façon de sortir de l'impasse.

141

Si je n'avais pas les moyens d'acheter ses produits, j'avais sûrement des amies qui pouvaient se les offrir ?

– Oui, j'ai beaucoup d'amies et, croyez-moi, elles voudront toutes acheter votre crème miracle. Je vais leur en parler dès aujourd'hui, enfin dès que je serai sortie d'ici.

Krystal n'allait pas se laisser avoir aussi facilement.

– Vous parlerez de mes produits à vos amies. Mais pas avant que je vous le dise.

– Pardon ?

– Ne dites rien à personne. Vous devez garder le secret sur cette crème. Ne dites rien, et attendez que vos amies vous parlent de votre peau. Attendez jusqu'au jour où elles vous diront : « Tiens, tu as l'air en forme. Tu as un teint superbe. » Alors, et seulement à ce moment-là, vous pourrez leur dire le secret.

– Est-ce que c'est un genre d'événement sur Facebook ?

– Non, mais je peux vous prédire que ça va vous arriver, dans trois à quatre mois.

Elle a rapproché son tabouret.

– Dites-moi la vérité, est-ce que c'est vraiment une question d'argent ?

– Eh bien…

– Combien dépensez-vous en sacs à main ?

– Je n'en sais rien.

J'avais l'impression qu'on me plantait des aiguilles dans les yeux.

– Et pour les chaussures ? Si je vous disais que je peux vous donner deux ans de produits pour le prix de dix paires de chaussures ?

– Non.

– Vous dépensez plus d'argent pour vos pieds que pour votre visage ? Et combien de temps allez-vous vivre comme ça ?

– Je ne sais pas.

– Bon, alors, si on parlait de huit paires de chaussures ?

– Je vous en prie ! ai-je supplié.

– Cinq ?

– Mais je ne peux pas, c'est tout !

– Alors, combien pouvez-vous payer ?

Qu'est-ce que je pouvais bien répondre ? Rien ? Je ne peux rien payer ? J'ai regardé autour de moi : dans le magasin, tout le monde avait les yeux fixés sur nous.

– Peut-être deux paires et demie ?

– Ce n'est pas assez. Si je vous disais…

Elle a inscrit un chiffre dans son carnet et me l'a montré.

– Alors, c'est oui ? a-t-elle demandé.

J'ai lu le chiffre et j'ai abandonné la partie.

– Bon. Oui. D'accord.

La crème antirides
et les lendemains qui déchantent

J'ai quitté le magasin en état de choc, le portefeuille allégé de quatre mille dollars, mes sacs alourdis de dix kilos. Je croulais sous le poids de produits divers, rangés dans des boîtes de couleurs différentes. À l'intérieur, des masques, des ampoules, des crèmes, des lotions tonifiantes, nettoyantes, exfoliantes, le tout fourni avec mode d'emploi illustré de photos floues, expliquant les différents usages des produits et l'ordre dans lequel il convenait de les utiliser.

– Alors comme ça, tu t'es fait avoir ? m'a lancé Queenie le week-end suivant, quand je suis retournée au Village.

– Oui, j'avoue.

– Combien ?

– Euhhhh…

J'hésitais. Pouvais-je lui dire la vérité ? Non. Je ne pouvais même pas me l'avouer à moi-même. C'était trop dur à digérer. J'ai menti.

– Je ne sais plus… Peut-être deux ou trois mille dollars ?

J'étais incapable de me l'expliquer. Krystal m'avait-elle hypnotisée pour me convaincre de dépenser des sommes pareilles ? Ou bien avais-je eu trop peur de la contrarier, de la mettre en colère ?

Il y avait encore un secret que je n'avais pas envie d'admettre : j'avais vraiment envie de cette crème miracle. Surtout, j'avais vraiment envie qu'elle fasse de l'effet.

J'avais besoin que quelque chose ait un sens dans cette histoire, que ce ne soit pas uniquement une perte de temps.

Les produits n'étaient pas simples d'emploi. Il fallait supporter des masques visqueux et rester allongée avec des compresses couvertes de pâte sur les yeux. Il fallait prévoir du temps pour m'occuper de ma peau.

Mais une chose est sûre : l'exercice a eu de l'effet, et tout s'est passé exactement comme Krystal l'avait prédit.

Pendant les six premières semaines, personne n'a rien

remarqué. Puis je suis allée consulter mon dermatologue et il s'est exclamé que ma rosacée s'était vraiment améliorée. Au bout de trois mois, ma femme de ménage m'a répété plusieurs fois que j'avais l'air plus jeune tout à coup, et plus heureuse. Après quatre mois, j'ai retrouvé de vieux amis que j'avais perdus de vue, et ils m'ont dit qu'ils ne me reconnaissaient pas : j'avais rajeuni. Je savais que ces effets n'allaient pas durer éternellement. La question, c'était : que faire quand les boîtes seraient vides ?

C'est arrivé plus vite que prévu. Au moment précis où ma peau avait pris le velouté d'une pêche mûre, trois des produits étaient finis. J'ai donc fait ce que n'importe qui d'un peu malin aurait fait : j'ai regardé en ligne la liste des ingrédients et j'ai trouvé des préparations beaucoup moins chères censées produire les mêmes effets.

J'avais oublié toute cette histoire lorsque, enfin, après un hiver interminable, les journées ont commencé à rallonger, et les résidents de Madison ont remis le nez dehors pour voir un peu de soleil. À nouveau, les bijoux ont brillé de tous leurs feux derrière les vitrines, tandis que les mannequins arboraient leurs tenues qu'on ne peut porter qu'en imagination.

Mais tout n'était pas resté en l'état. Les façades vides étaient plus nombreuses. Certaines vitrines étaient murées derrière des panneaux de contreplaqué. Et c'est avec un étrange sentiment de soulagement que j'ai retrouvé les Russes sur le trottoir, toujours occupés à harceler les passants.

Je me suis demandé s'ils allaient me reconnaître.

– Salut ! s'est écriée la même jeune Grecque. J'aime bien votre style.

Je me suis arrêtée. Étions-nous coincés dans le scénario d'*Un jour sans fin* ?

Ça m'a vite énervée.

– Vous vous moquez de moi ? Vous ne vous souvenez pas ? Je suis passée il y a six mois, et vous m'avez pratiquement forcé la main pour que j'achète tous vos produits.

– Vous êtes l'une de nos clientes !

La fille, interloquée, m'a regardée avec des yeux ronds. Est-ce que je n'étais pas assez chic pour son magasin, ou bien tellement ridée que je n'étais pas crédible ? Mais j'ai vite compris la vraie raison de sa surprise : elle ne pouvait sans doute pas croire que j'aie été stupide à ce point.

– Voilà, c'est pour vous, a-t-elle murmuré en me mettant un échantillon de crème dans la main.

Je l'ai accepté.

6

La Crise de Folie de la Cinquantaine

– Tu ne vas pas me croire si je te raconte ce qui s'est passé, m'a dit Tilda Tia.

– Essaie toujours.

– Tu sais, ce séjour que Jennifer et Ess ont fait ensemble dans un centre de bien-être ?

– Oui ?

– Figure-toi qu'elles se sont horriblement disputées, et que Ess a jeté son verre plein à la figure de Jennifer.

J'aurais dû être étonnée, mais je ne l'étais pas.

Ess, cinquante-trois ans, et Jennifer, cinquante-sept, ont une réputation de femmes « charmantes ». Elles expriment rarement un désaccord avec qui que ce soit, et elles ont pris l'habitude de sacrifier leurs propres sentiments pour éviter le moindre malaise à autrui. En fait, elles vont même encore plus loin en endossant souvent la responsabilité d'erreurs qui, de toute évidence, ne sont pas les leurs. Bref, c'est le genre de femmes qui regardent *Real Housewives* en restant persuadées que toutes ces histoires sont complètement imaginaires.

Et puis il se passe quelque chose dans leur vie.

J'appelle ça la Crise de Folie de la Cinquantaine, ou CFC.

La CFC ravage tout un village

C'était peut-être en partie à cause du climat. Vingt-sept degrés, temps très sec, plein soleil, c'était le genre de météo qui incite aux réunions estivales et, naturellement, alcoolisées.

Il n'a pas fallu très longtemps pour que les amis des amis des uns et des autres entendent parler du mode de vie sympathique de notre Village et s'invitent à y séjourner. Et c'est là que les ennuis ont commencé.

La première arrivée a été Margo, une amie de Sassy, qui venait de quitter son mari à Atlanta et qui « s'essayait » à la vie de célibataire en s'offrant un voyage en bateau avec un toy-boy. Comme toujours dès qu'il y a un toy-boy, l'histoire a eu plus de répercussions que prévu : Margo, qui avait quelques verres dans le nez, s'est fait arrêter pour conduite en état d'ivresse en essayant de démarrer sur le parking de la marina.

Puis est venu le tour de Marilyn.

Deux mois plus tôt, Sassy et moi avions le plus grand mal à convaincre Marilyn de mettre le nez hors de chez elle mais, le beau temps aidant, notre amie a eu envie de sortir. Chaque jour, et aussi chaque soir. Invitée ou non, elle ne manquait aucune soirée. Une colonie de femmes venues d'Europe s'était installée chez Queenie, et bientôt elles ont toutes enlevé le haut en public avec une décontraction digne des beaux jours de Saint-Tropez.

Les querelles ont commencé à l'arrivée des hommes. Kitty et Margo se sont disputées à propos d'un ami de Kitty qui flirtait avec elles deux. Marilyn et Queenie se sont disputées à propos d'une remarque que Marilyn avait faite au fiancé de Queenie, qui vivait dans un autre État. Tilda Tia se disputait avec quiconque voulait bien répondre à ses attaques.

Et un jour, Marilyn et moi avons failli nous battre.

Une tension étrange avait surgi entre Sassy, Marilyn et moi au début de l'été, et plus les journées rallongeaient, plus nos relations empiraient. Peut-être parce que nous n'avions encore jamais vécu entre femmes et parce que Marilyn cherchait à amuser la galerie, nous avons eu la surprise de la voir dire et faire des choses qui ne lui ressemblaient pas du tout. Alors qu'elle s'était toujours présentée comme le genre de femme qui déteste le feu des projecteurs et préfère rester en coulisses, Marilyn s'est placée tout à coup au centre des regards, racontant des histoires indiscrètes sur des gens et des lieux que ni Sassy ni moi ne connaissions. Bien sûr, toutes celles qui fréquentaient Marilyn depuis peu ont pensé qu'elle avait toujours été comme ça.

Il était impossible d'expliquer que ce n'était pas le cas et, pendant un moment, la nouvelle Marilyn a créé une grande confusion. Un après-midi, les choses ont atteint leur paroxysme : Marilyn est arrivée dans la cuisine où Kitty, Tilda Tia et moi étions attablées. Je ne me souviens pas de l'incident qui a mis le feu aux poudres, mais tout à coup nous étions toutes folles de rage. J'ai lancé à Marilyn :

— Je ne te reconnais plus.

— Je suis comme ça, a-t-elle répondu. C'est mon nouveau moi.

Cela dit, elle a pris son sac pour se dépêcher de sortir.

— Ne fuis pas devant le problème comme tu le fais toujours !

C'était une remarque idiote de ma part, je le savais très bien, parce qu'en vérité je n'avais jamais vu Marilyn se dérober, pour la bonne raison que nous n'avions jamais eu de querelles. Mais sa réponse a claqué comme une gifle :

— Va te faire foutre !

Je suis restée bouche bée. En vingt ans d'amitié, Marilyn et moi ne nous étions jamais insultées ainsi. Jamais. Je n'en croyais pas mes oreilles. Mais qu'est-ce qui nous arrivait ?

— Comment peux-tu me parler comme ça ?

Nous nous sommes dressées face à face comme des duellistes. Mon cœur battait à tout rompre. La colère qui m'envahissait était irrésistible, dérangeante, atavique, comme si j'avais en face de moi une créature mauvaise qui n'était pas Marilyn. Ça paraissait impossible que nous éprouvions une colère pareille l'une envers l'autre. Nos mains se sont levées, prêtes à frapper.

Nous nous sommes immobilisées.

La fièvre est tombée et nous sommes revenues sur terre.

Je me suis détournée, elle en a fait autant, ou peut-être était-ce l'inverse. Nous nous sommes séparées. Elle a filé vers la porte pour regagner sa voiture, je suis retournée dans la cuisine de Kitty.

Nous avons immédiatement appelé Sassy.

Sassy nous a sermonnées avec gravité, nous répétant que nous étions des adultes et que nous ne pouvions tout simplement pas nous conduire de cette façon. Ce n'était pas nous, ce genre de comportement.

Elle avait raison. C'était la CFC.

La CFC versus la Crise de la Cinquantaine

En surface, la Crise de Folie de la Cinquantaine ressemble à ce qu'on appelle communément la Crise de la Cinquantaine.

Il y a bien des années, cette crise survenait principalement chez les hommes, et plutôt aux alentours de la quarantaine. On considérait ça comme un rite de passage, un dernier acte de rébellion contre les contraintes sociales. Lesdites contraintes étaient faites d'obligations familiales et d'exigences professionnelles en entreprise, puisque alors la plupart des hommes y travaillaient. À cette époque bénie de la crise masculine de l'âge adulte, un homme faisait des choses comme acheter une moto ou s'abonner à *Playboy* ou se lancer dans une liaison extra-maritale. Parfois, la crise menait au divorce, mais pas nécessairement. On considérait ça comme une phase, une période à supporter et à dépasser.

Les femmes, en revanche, n'étaient pas autorisées à faire l'expérience de cette crise de l'âge adulte. Elles ne connaissaient que la dépression nerveuse, ce qu'on appelle aujourd'hui une dépression non diagnostiquée. Ainsi, dans les crises d'autrefois, les hommes parcouraient le monde comme des ados pendant que les femmes se mettaient au lit et tiraient les couvertures par-dessus leurs têtes.

Aujourd'hui, faire sa crise à la quarantaine a l'air idiot. Pour commencer, des tas de gens n'ont pas commencé à vivre en couple ni à avoir d'enfants avant quarante ans. À cet âge-là, on commence tout juste à devenir enfin adulte et à se comporter comme tel. On achète une maison dans la banlieue d'une grande ville, on adopte un mode de vie familial centré sur les enfants et sur le cercle d'adultes adjacent aux enfants, tous ceux que les parents sont invariablement obligés d'appeler des « amis ».

Parce que ce mode de vie familial est aujourd'hui tellement intense, épuisant et truffé d'écueils en tout genre, parce qu'il consume tant d'énergie psychologique et émotionnelle, il a pour effet de repousser dans le temps la crise du milieu de vie. Personne n'a le temps de se poser des questions sur le sens de l'existence ni de se demander : Pourquoi suis-je là ?

Mais ce n'est pas parce que la crise est repoussée qu'elle cesse d'exister. Elle apparaît simplement plus tard. En général, au moment où elle aura les pires conséquences, parce qu'elle viendra se superposer à d'autres événements et tournants majeurs, comme la ménopause, ou bien un divorce, un deuil, un déménagement, la perte d'un emploi ou le départ des enfants devenus adultes, lesquels événements surviennent tous en même temps.

Les choses ne se sont pas toujours déroulées comme

ça. Autrefois, vers la cinquantaine, on pouvait commencer à songer à la retraite, on travaillait moins, on s'accordait du temps pour un violon d'Ingres ou pour ses amis, lesquels eux aussi ralentissaient leurs activités professionnelles et s'offraient quelques loisirs. En résumé, on n'attendait pas grand-chose des seniors proches de la retraite, sinon prendre du poids et de l'âge, devoir se rendre plus souvent chez leur médecin et aux toilettes. On ne leur demandait pas de faire du sport, de se lancer dans de nouvelles entreprises commerciales, de déménager dans un autre État, de multiplier les aventures d'un soir, de se faire arrêter par la police et de recommencer leur vie de zéro avec un dixième des ressources qu'ils avaient précédemment, le tout en revenant au niveau de l'échelle sociale d'où ils avaient mis vingt ans à s'extraire en travaillant comme des brutes.

L'implant mammaire explosif et le conte de fées qui finit mal

Prenons Ess, par exemple. Par beaucoup d'aspects, son histoire est exemplaire, à ceci près qu'elle se déroule dans le milieu très protégé des un pour cent. Ça veut dire que, théoriquement, Ess devrait pouvoir se permettre d'avoir un toit au-dessus de la tête.

Ess n'est pas un parangon de vertu féminine, et il n'y a aucune raison pour qu'elle le soit. Elle représente un certain type de femme qui fait ce que la société lui prescrit de faire, qui désire ce que la société lui dit de désirer, et qui a trouvé plus commode de ne pas y réfléchir trop longtemps.

Elle a grandi dans une grande maison de style ranch, dans le sud de la Nouvelle-Angleterre. Dans le voisinage, tout le monde avait à peu près le même style de vie, les mêmes revenus et s'habillait plus ou moins de la même façon en choisissant ses tenues dans les mêmes magasins ou les mêmes catalogues de vente par correspondance.

Ess avait deux frères aînés et une petite sœur. Ess et son frère Jimmy étaient beaux. Sa sœur qui, physiquement, tenait beaucoup de leur mère, était considérée comme la plus intelligente. Ess était la fille préférée de son père. Comme beaucoup d'hommes de son temps, Daddy était ce qui serait considéré aujourd'hui comme un alcoolique. À l'époque, on disait simplement qu'il buvait tous les jours. Il rentrait du bureau à cinq heures et, avant que la mère ait fait asseoir tout le monde autour de la table pour le dîner à six heures, il s'était déjà jeté trois gin tonics derrière la cravate. Le fait que Daddy boive autant était parfois sympathique. Parfois, ce n'était pas tellement génial. Dans ces moments-là, Ess avait découvert qu'en distrayant et en amusant son père, elle lui faisait oublier ses humeurs noires. Toute la famille lui vouait alors une reconnaissance silencieuse. C'est ainsi qu'Ess a pu penser que distraire un homme irascible était sa vocation. Sans doute pour la vie.

Une fois son diplôme d'études secondaires en poche, Ess a évalué ses atouts : elle était grande et mince, avec une silhouette que les voisins qualifiaient d'athlétique, un euphémisme pour dire plate de poitrine. Elle portait des bonnets A.

C'était très ennuyeux. Ne pas avoir de seins figurait en première position sur la liste des défauts féminins. C'était encore pire que « grosse » ou « poilue ». Ne pas avoir de seins, c'était une anomalie et une insulte au genre masculin, une évidence que ses frères ne manquaient jamais une occasion de lui rappeler. Ils n'étaient d'ailleurs pas les seuls. Dès la troisième, elle avait été harcelée par un garçon en particulier qui ne tolérait pas son manque de rondeurs. Il avait pris l'habitude de passer à moto devant chez elle et de tirer dans sa direction avec un pistolet à billes.

– Un jour, je vais te tuer ! hurlait-il.

– C'est parce qu'il t'aime bien, et qu'il ne sait pas comment te le dire, expliquait la mère d'Ess.

Mais Ess savait bien que c'était un mensonge : ce type la haïssait, purement et simplement.

Un jour, en se regardant dans son miroir, Ess a compris qu'elle disposait d'un moyen de se venger du garçon et de tous ses semblables : elle pouvait devenir mannequin.

Elle a réussi. Elle a beaucoup travaillé, assez pour bien gagner sa vie dans ce milieu d'argent facile, de drogues et de rock'n'roll qui était celui des mannequins hors du champ de l'objectif. Contrairement à beaucoup de filles, elle ne souhaitait pas que ce mode de vie devienne le sien pour toujours. Elle voulait une famille désordonnée et aimante, comme l'avait été la sienne autrefois, quand elle était encore enfant.

À vingt-cinq ans, Ess a épousé l'amour de sa vie, un Irlandais, ancien joueur professionnel de football, qui s'était reconverti dans l'immobilier. De l'avis général, ce mariage débutait sous les meilleurs auspices. Du point de vue des relations humaines, Ess apportait un vrai dynamisme : elle savait rapprocher et mettre à l'aise des inconnus, et obtenir une confession intime de l'homme le plus important d'un groupe. C'était une femme capable de désamorcer les situations difficiles, une femme qui n'était jamais dangereuse. Elle aimait vous aider à résoudre vos problèmes. Et son mari, avec son passé sportif, impressionnait tous les invités lors de leurs barbecues du 4-Juillet.

Le mariage a été un vrai succès pendant environ cinq ans, et puis la réalité a fait irruption dans leurs vies.

Ess a eu deux garçons. La famille a quitté New York pour la banlieue, le mari a perdu une partie de ses contacts et gagné moins d'argent. Ess a voulu retravailler, mais la seule chose pour laquelle elle était qualifiée, c'était le mannequinat, et elle ne retrouverait jamais le corps qui lui aurait permis de l'exercer. La situation a perduré quelques années, puis son mari, atteignant la Crise du Milieu de la Vie, l'a quittée.

Ess a découvert qu'il n'avait pas un sou. Le divorce a été facile, puisqu'il n'y avait absolument rien à partager.

Comme elle n'avait nulle part où aller, Ess a réintégré la maison de son enfance. Mais cette fois, ses enfants occupaient les chambres de ses frères, et elle se retrouvait dans son petit lit rose à volants. Ses parents adoraient leurs petits-enfants. Mais ils avaient plus de soixante-dix ans, l'âge idéal pour de longues heures de golf quotidiennes et des escapades le week-end au casino de Mohegan Sun, dans le Connecticut, où ils allaient écouter Céline Dion. Avoir en permanence chez eux une fille de quarante-deux ans, divorcée, et ses deux fils n'entrait pas dans leurs projets d'avenir.

Dans un roman, ce serait le moment où l'héroïne, Ess, décide de changer. Elle ne se contenterait plus de laisser les événements lui arriver, elle prendrait les choses en main et agirait de façon à pouvoir écrire sa propre histoire. Elle trouverait un endroit où habiter avec ses deux préadolescents, petit mais propre et facile à installer, elle peindrait les murs elle-même et réussirait même, par magie, à convaincre les garçons de l'aider. Au moment où les garçons se lanceraient dans une bataille de peinture, nous saurions qu'Ess était capable de s'en tirer. Elle trouverait du travail dans une pâtisserie, se découvrirait un talent secret pour la décoration de gâteaux et tout irait bien. Dans les contes que les femmes échangent, les héroïnes ont toujours un talent caché ou un don quelconque qui leur permet de gagner leur vie, de prendre soin d'elles-mêmes et de leurs enfants, et de garder leur dignité.

Dans la vraie vie, c'est différent.

Devant le miroir de sa chambre d'enfant, Ess a fait le point, une fois de plus. Son visage n'avait pas perdu sa beauté, ses jambes non plus. Mais ses seins, encore eux, ne ressemblaient plus à rien. Deux sacs de chair en forme de torpilles. Sans écouter les avertissements de sa mère – « les petits seins ne supportent pas l'allaitement », avait répété celle-ci entre ses dents, chaque fois qu'elle avait vu sa fille ouvrir son corsage –, Ess avait allaité ses fils. Elle avait voulu les protéger de tous les maux possibles, mais elle découvrait que rien ne peut vous protéger de la malchance qui frappe au hasard.

Dans l'ancien ordre des choses, quand les parents restaient ensemble malgré tout, les seins tombants et les signes de vieillissement n'avaient pas d'importance. Mais dans le monde actuel, ces choses-là comptent beaucoup.

Ess s'est donc rendue chez un chirurgien esthétique, spécialiste de la reconstruction mammaire. Une de ses amies lui avait donné l'adresse et, en entrant dans le cabinet, elle a été surprise de trouver un homme courtaud, au physique très ordinaire, qui aurait pu être le père d'une de ses amies. Le masque optique qu'il portait lui cachait les yeux, lui donnant l'air d'un robot.

L'infirmière, qui n'a jamais quitté la pièce, a fait glisser doucement la blouse en papier sous les épaules d'Ess pour révéler l'ampleur des dégâts. Sans la regarder, le chirurgien a soupesé avec précaution chaque sein comme s'il s'agissait d'une pile de jetons de casino.

Il s'est rassis sur son tabouret avec un soupir. Ess a vite remonté sa blouse.

– Je pense que je peux vous rendre très, très heureuse, a annoncé le chirurgien.

– Vraiment ?

– Je peux vous donner des bonnets D. Peut-être même E. Vous avez beaucoup de peau utilisable.

– Et c'est bien, alors ?

– C'est génial, a acquiescé l'infirmière. Vous pouvez avoir des seins de mannequin pour maillots de bain.

– Comme une fille de vingt et un ans, a ajouté avec fierté le chirurgien.

Justement, Ess voulait ressembler à une fille de vingt et un ans. C'était une chance, parce que sinon, toute l'affaire l'aurait fait fuir.

Elle a payé l'opération d'avance, avec sa carte de crédit : trois mille cinq cents dollars.

Quand elle s'est réveillée après l'intervention, l'infirmière, tout excitée, lui a annoncé une excellente nouvelle.

– Le docteur a pu vous donner des seins un peu plus gros que prévu. Vous êtes maintenant officiellement un bonnet E ! Ce n'est pas fabuleux ?

Le son « euuu » glapi par l'infirmière faisait penser au grincement d'une porte.

Quand Ess a voulu inspirer profondément, elle a failli paniquer. Un poids inconnu lui alourdissait la poitrine. Le poids des seins. Celui de son nouveau corps, plus sexy. Le poids du désir, le sien, celui des hommes. Pendant un moment, elle s'est demandé ce qu'elle avait fait. Était-elle prête pour ce qui l'attendait ? D'après leur poids, elle devinait que ses nouveaux seins étaient vraiment gros. Elle s'est demandé – littéralement – comment elle allait faire pour déplacer dans le monde qui l'entourait ces réservoirs de solution saline. Ses seins seraient impossibles à ignorer, tout le monde allait les regarder. La pensée que des hommes allaient la remarquer, la désirer, lui faisait tourner la tête.

– Vous allez tellement vous amuser avec votre nouveau corps, a assuré l'infirmière. Et maintenant, vous avez l'excuse idéale pour vous acheter une nouvelle garde-robe. Vous verrez, votre vie entière va changer.

Elle paraissait nostalgique, et pourquoi ne l'aurait-elle pas été ? Toutes les femmes connaissent l'histoire de la transformation radicale. Nous adorons les contes qui finissent bien. Si une femme peut se métamorphoser en une version plus plaisante, plus commerciale, plus acceptable par tous du stéréotype féminin, alors elle peut aussi avoir une nouvelle vie.

Et bien sûr, Ess a découvert qu'avoir un nouveau corps, c'est presque comme avoir un bébé. Tout le monde lui faisait fête. Mais cette fois, elle n'était pas fatiguée, elle avait une silhouette d'enfer et la permission de boire. Il ne lui a pas fallu longtemps pour se faire de nouvelles copines. Elle les retrouvait pour l'happy hour dans un bar du débarcadère près de la gare de chemin de fer. Les unes étaient mariées, les autres non, mais elles étaient toutes bronzées et soignées, portaient des vêtements de créateurs, et elles avaient toutes des implants.

Comme la désapprobation tacite de ses parents l'étouffait, Ess a pris l'habitude de quitter la maison familiale pour aller retrouver ses nouvelles amies, qui prêtaient une oreille compatissante au triste récit de ses malheurs. Elle s'était mariée par amour à un homme qui avait gâché sa vie, et maintenant elle était prête à faire ce qu'elle aurait dû faire dès le début : épouser un homme pour son argent.

Ses amies l'approuvaient, du moins en apparence. Dans l'univers des femmes, utiliser un homme pour son argent est la juste rétribution du fait que les hommes utilisent les femmes pour... disons, tout le reste.

Cela dit, même si l'idée d'épouser un homme riche peut paraître bonne, sa réalisation n'est pas sans présenter quelques difficultés fâcheuses. Trouver un homme, en soi, n'est déjà pas si simple, même à revenus égaux. En d'autres termes, lorsqu'une femme annonce : « Je

vais épouser un homme riche », ses amies pensent :
« Ouais, c'est ça, essaie toujours. »

Mais Ess l'a dit et l'a fait. Et c'est ce qui rend son
histoire un peu différente.

Elle a aussi admis qu'elle n'aimait pas son futur
époux, et ce jusqu'à la veille du mariage. C'était inhabituel, ça aussi. Dans les histoires où une femme épouse
un homme riche, elle n'est pas censée admettre que c'est
sans amour. Au contraire, elle fait tout pour faire croire
l'inverse. Mais pas Ess. En s'habillant dans la suite nup-
tiale de l'hôtel à mille dollars la nuit, Ess rappelait à ses
demoiselles d'honneur que la seule chose qui lui plaisait
chez Eddie, c'était son fric.

– Alors ne l'épouse pas, ma chérie, ont supplié une
ou deux de ses plus proches amies.

– Il le faut. Pour mes fils. Allons, les filles, a dit Ess
en levant les bras pour enfiler sa robe de mariée, quand
faut y aller, faut y aller.

Pendant les cinq années suivantes, même si son mari
se montrait mesquin, égoïste, et passait son temps à
expliquer à Ess devant témoins qu'elle était vraiment
idiote, elle ne s'est jamais plainte. Ses fils avaient un
toit luxueux au-dessus de leur tête et fréquentaient les
meilleures écoles. C'était tout ce qui comptait. Quand
son mari s'est mis à boire comme un trou, au point de
devenir violent à l'occasion, elle n'a rien dit. Elle avait
fait son lit et elle était prête à s'y coucher jusqu'à ce
que mort s'ensuive.

Mais un jour, Eddie a vu un médecin, et le médecin l'a prévenu que, s'il ne cessait pas de fumer et de
boire, il allait mourir. Un autre n'y aurait pas accordé

d'importance ; après tout, nous sommes tous destinés à mourir un jour. Mais pas Eddie. Il faisait partie de ces hommes d'âge mûr qui voient soudain la lumière et qui foncent sans réfléchir.

Eddie est rentré de sa visite médicale ébranlé et livide. Ess préparait une sangria de vin blanc aux fruits. Quand elle a aperçu le visage blanc, luisant de sueur, de son mari, elle a pensé à une crise cardiaque. Sa première réaction n'a pas été un sentiment d'inquiétude ni de terreur, mais de joie : par sa mort, son mari allait peut-être résoudre tous ses problèmes. Mais la vie n'allait pas traiter Ess avec tant d'indulgence.

– J'ai peur, a annoncé Eddie.

Il a plongé tout entier dans ce qu'on a coutume d'appeler une obsession maniaque.

C'est ce qui arrive lorsque les gens qui se souciaient peu de leur corps font brusquement une fixation sur leur santé. Ils se mettent au sport et à tout ce qui l'accompagne, abonnement en salle de fitness, gadgets qui mesurent leurs progrès, leur rythme cardiaque, et comptent leurs calories. Ils abandonnent une à une des quantités de choses : les glucides lents et rapides, le gluten, la viande, les laitages. Et bien sûr, l'alcool.

Autrefois, tout le monde hochait la tête quand quelqu'un adoptait ce genre de comportement et continuait tranquillement à siroter un cocktail. On considérait ces manifestations excessives d'inquiétude comme la marque d'un caractère trop gâté et égocentrique. Personne n'est censé jouer au plus malin avec le Bon Dieu, qui seul décide de nous rappeler à lui, à force d'exercices et de régimes. Et finalement, un intérêt soudain pour sa santé signifiait souvent que la mort n'était pas loin. Vous pouviez toujours courir aussi vite que vous le vouliez, la mort allait vous rattraper quand même. On en voyait bien l'illustration : nombreux étaient les hommes d'âge mûr qui tombaient fauchés par une crise cardiaque au milieu de leur jogging quotidien.

Ce soir-là, pendant qu'Ess sirotait sa sangria au vin blanc, Eddie et elle ont eu une violente dispute. Eddie insistait pour qu'elle arrête de boire en même temps que lui. Elle devrait aussi se priver de viande et de sucres lents. Quand elle a émis des objections, il lui a lancé qu'elle avait grossi, qu'elle ne ressemblait plus à rien et qu'elle ne lui faisait plus envie du tout. Le lendemain matin, il a quitté la maison en claquant la porte pour filer à Miami et suivre une cure de désintoxication à soixante-dix mille dollars le mois.

La cure a été un succès. Eddie est rentré sobre, plus mince de cinq kilos, et obsédé par le yoga, le krav-maga et le chou kale. Il voulait aussi demander le divorce.

Il a laissé la maison à Ess et s'est installé dans un hôtel de luxe.

Innocemment, Ess a mis le nez dans les affaires de son mari. Il ne lui a pas fallu longtemps pour découvrir quelque chose. Oui, Eddie avait bien passé un mois en cure de désintoxication, mais ensuite il avait séjourné dans un hôtel et avait payé des milliers de dollars pour des rencontres tarifées avec toute une variété de femmes.

Ess s'est confiée à ses amies qui se sont précipitées pour la soutenir. De nouveaux détails sordides sont sortis de l'ombre. Un jour, Eddie avait tellement bu dans un avion qu'il avait perdu connaissance et s'était pissé dessus. Il avait balancé hors de la télécabine les skis d'une amie qui lui demandait d'éteindre son cigare. Il appelait Ess « la grosse ».

C'était clair, Eddie avait tous les torts.

Mais comme beaucoup d'hommes, Eddie ne voyait rien de répréhensible dans son comportement grossier et sexiste. Et, puisqu'il était un homme, il lui fallait un gagnant et un perdant. Il était hors de question qu'il soit le perdant, il devait donc gagner, ce qui signifiait qu'Ess devait être diabolisée. Il fallait démontrer que tous les torts étaient de son côté.

Eddie a engagé un avocat requin pour trouver quelque chose à reprocher à sa femme. L'avocat a soutenu qu'Ess racontait à tout le monde que son mari la maltraitait, qu'il était tyrannique et alcoolique. Par conséquent, en plus du divorce, Eddie allait la poursuivre en diffamation.

L'apparition dans la vie d'Ess de ce nouveau Tarzan hargneux créa chez elle beaucoup d'angoisses et de frayeurs. Chaque nouvelle communication la mettait en transe, faisant grimper son taux de cortisol sous l'effet du stress.

Et c'est peut-être ce qui a provoqué l'incident suivant : l'un de ses implants a explosé.

Tilda Tia a fait remarquer que ça n'avait rien de surprenant : tout le monde savait que les implants ne durent pas éternellement et qu'ils sont souvent source d'accidents divers. Évidemment, les chirurgiens esthétiques se gardent bien de le rappeler à leurs clientes.

Au beau milieu de son divorce houleux, Ess a donc été hospitalisée pour une première opération destinée à ôter ses implants. Une deuxième devait suivre. Elle s'est réveillée le torse couvert de bandages légèrement sanglants.

Pourtant, elle ne se sentait pas si mal que ça, et elle n'a pas résisté à l'impulsion de tenter le sort. Éclatant de rire devant le désastre, elle a lancé : « Et maintenant, qu'est-ce qui pourrait encore bien m'arriver, hein ? »

Durant n'importe quelle autre période de sa vie, cette question aurait été rhétorique, mais comme elle était en pleine phase de Crise de Folie de la Cinquantaine, la réponse a été : « Attends un peu, tu vas voir. »

Le troisième jour après son opération, Ess a reçu un coup de téléphone : son frère lui annonçait que leur père, quatre-vingt-sept ans, avait percuté un arbre au volant de sa voiture. Transporté à l'hôpital, il avait été déclaré mort à son arrivée, quinze minutes plus tôt.

Pour ses frères et sa mère, Ess était entièrement responsable de l'accident.

Elle avait pris l'habitude de s'occuper de ses parents, d'aller les voir souvent, et de conduire son père en voiture partout où il voulait aller, dans les magasins ou au café-restaurant le plus proche. Ils se commandaient alors des sandwiches-très-mauvais-pour-la-santé, bourrés de viande industrielle et de fromage sous plastique. Mais ces sorties avaient pris fin quand Ess s'était trouvée entraînée dans une procédure de divorce assortie d'une urgence médicale, lesquelles étaient aussi, bien sûr, entièrement sa faute. Elle avait fini par épouser un homme qui avait assez de fortune pour s'occuper d'elle, et il avait fallu qu'elle trouve le moyen de gâcher ses chances. C'était à se demander si elle était capable de faire quelque chose de sa vie.

Ess a commencé à nourrir de sombres pensées typiques de la CFC.

Des épisodes de CFC vraiment difficiles

Il y a des jours, en période de CFC, où vous avez envie de crier. Vous vous regardez dans un miroir et vous ne voyez aucune raison de continuer, puisque vos journées se succèdent comme autant de trous noirs.

Les pensées sont comme des pas qui tracent un sentier. Peu à peu, le sentier se creuse et se transforme en ornière de doute et de désespoir. Qu'est-ce que j'ai fait pour mériter ça ? À quel moment ai-je pris la mauvaise direction ? Et enfin : est-ce que c'est ça, ma vie ?

Ess en était là. Le matin, dès qu'elle ouvrait les yeux, elle commençait à penser que ce serait peut-être mieux, pour elle et pour ses proches, si elle ne se réveillait pas.

Mais assez vite, elle a compris que ces idées étaient stupides et qu'elle avait tort de se laisser aller. Elle avait ses fils. Et la deuxième partie de son opération à venir.

C'est précisément là que sa chance a enfin tourné. Parce que l'implant avait explosé, son assurance couvrait toutes les opérations réparatrices, y compris une liposuccion et une plastie du ventre. En bref, le corps d'Ess serait remis en forme grâce à la chirurgie.

Ess a préparé avec soin son sac pour l'hôpital. Depuis son dernier séjour, elle savait à quoi s'attendre. Les bruits de *bip* permanents. Le sommeil constamment interrompu. Les draps d'hôpital en polyester. Les infirmiers et aides-soignants qui étaient, si elle y réfléchissait bien, les seules personnes à lui avoir montré de la sympathie depuis six semaines. Ou, du moins, à essayer de prétendre que son sort les intéressait.

Comment cela était-il possible ?

En chemin vers l'hôpital, dans sa voiture, Ess a pris conscience d'une chose : elle y allait avec plaisir.

Le lendemain matin, emballée comme une momie dans une gaine serrée, une brassière de sport et des bandages amortissants en gel high-tech, Ess est rentrée chez elle.

Elle a ouvert la lourde porte d'entrée, a fait quelques pas dans le hall qui s'élève sur toute la hauteur de la maison – une caractéristique obligatoire dans les habitations des plus aisés, comme si le meilleur signe extérieur de richesse était d'avoir un grand espace vide inutile au-dessus de la tête –, puis elle a monté les marches du double escalier jusqu'à sa chambre et son immense penderie tapissée de miroirs. Elle a sorti son téléphone, pris une photo qu'elle a envoyée à cinq de ses amies, et s'est mise au lit pour dormir seize heures d'affilée.

L'une des destinataires était Tilda Tia. Elle m'a raconté que l'opération était un vrai succès. Ess avait subi une transformation incroyable et elle était magnifique.

Tilda Tia m'a montré des photos plus récentes. Moulée dans un pantalon de sport porté par-dessus sa gaine de maintien, Ess semblait avoir perdu la moitié de son poids initial.

– Je n'en reviens pas qu'on arrive à faire ça, ai-je soupiré.

– C'est fou, hein ? a renchéri Tilda Tia. Dieu merci ! Maintenant, elle va pouvoir se trouver un autre mari. Parce que, pour tout dire, elle n'a pas beaucoup de choix. Ce n'est pas comme si elle savait faire quelque chose. Elle n'a aucune chance de trouver un travail.

J'ai blêmi.

– C'est une réalité, a insisté Tilda Tia. Toutes les femmes ne font pas de grandes carrières. Regarde Jerry Hall. Elle a épousé un vieux de quatre-vingt-sept ans. C'est le seul choix qui reste à des femmes comme Ess.

– À part un détail, a ajouté Kitty : Ess est une très pâle version de Jerry Hall. Et c'est encore plus déprimant.

Quoi qu'il en soit, nous étions toutes d'accord : l'opération était un triomphe. La victoire d'une amie, peu importent les moyens pour l'obtenir, est une victoire pour nous toutes. Elle prouve qu'il est possible de faire ce que, si souvent, nous craignons de ne pas parvenir à réaliser : vaincre le sort.

Mais c'était compter sans la CFC.

La CFC est comme Méduse : on lui coupe la tête, il en repousse deux autres à la place.

Deux semaines plus tard, pendant qu'elle récupérait chez elle, Ess a reçu un coup de fil de sa vieille amie Jennifer. Elles ne s'étaient pas vues depuis quelques années, mais Jennifer avait entendu parler des malheurs d'Ess et elle voulait prendre de ses nouvelles. Reconnaissante, Ess lui a raconté les derniers épisodes : elle avait été forcée de mettre sa maison en vente et Eddie avait raconté à l'agent immobilier qu'elle était alcoolique. Son père lui manquait terriblement, sa mère refusait toujours de lui parler ou de lui laisser le moindre souvenir du défunt. Et ses fils étaient en camp de vacances. Elle était seule.

Jennifer a proposé, à défaut d'une solution, au moins un répit temporaire : un séjour dans un spa en Arizona. Comme Jennifer avait gagné le séjour pour deux dans une loterie, Ess n'aurait que son voyage à payer. Ess a dit oui. Et ç'aurait sans doute été exactement ce dont elle avait besoin, si la Crise de Folie de la Cinquantaine n'avait pas été sur le point de frapper en carbonisant tout sur son passage.

Parce que dans ce contexte, deux femmes qui ont cru autrefois avoir tout en commun peuvent découvrir qu'en réalité tout, dans la vie, les sépare.

Comme Ess, Jennifer avait deux enfants et deux mariages. Au début de sa carrière dans l'immobilier, Jennifer avait rencontré l'homme idéal. Ils s'étaient mariés, avaient eu deux filles, et Jennifer n'avait pas cessé de travailler. Vers la trentaine, ils s'étaient mutuellement trompés et leur mariage était parti en vrille. Mais quand son mari était parti, Jennifer n'avait pas perdu sa maison. En fait, elle n'avait pas perdu grand-chose, et sa vie n'avait pas beaucoup changé. En un sens, elle était privilégiée. Elle avait continué comme avant à s'occuper de ses filles et de son foyer tout en travaillant, simplement sans son mari.

Enfin, elle avait rencontré un homme merveilleux, qui avait son âge et travaillait dans le même domaine. Ils s'étaient mariés et avaient monté une agence. Quinze ans plus tard, Jen et son mari étaient toujours ensemble, avec une maison superbe, des tas d'amis et une bonne épargne. Jen restait proche de ses filles, qui vivaient dans le voisinage. Et bientôt, les deux filles rencontreraient dans leur cercle d'amis quelqu'un de bien, qu'elles épouseraient. Elles auraient des enfants, sans pour autant cesser de travailler. Jennifer était un bon modèle pour ses filles.

À un certain point, Ess a pu penser que sa vie finirait par prendre la même direction que celle de Jennifer, peut-être avec un peu moins de bonheur. Mais c'était impossible. C'était une évidence qu'aucune des deux n'avait comprise jusqu'à leur voyage en Arizona.

Jennifer, qui partait d'un autre aéroport, s'est levée tôt pour faire une séance de yoga avant le vol. Ess s'est réveillée en retard, déjà sur les nerfs. Elle buvait trop, et parfois même elle buvait seule. Dans le passé, boire soulageait ses angoisses, et lorsqu'elle démarrait une nouvelle journée, tout se passait plutôt bien. Mais ce n'était plus vrai. Elle buvait, se levait et devait affronter une nouvelle catastrophe. Par exemple, le fait que son passeport était sur le point d'expirer.

Pourtant, en traversant l'aéroport, elle a remarqué une différence : les gens ne détournaient plus les yeux en la croisant, comme ils le faisaient avant son opération. Ce devait être grâce à sa nouvelle silhouette. Elle a esquissé un ou deux sourires, et quand on lui a souri en retour, elle a commencé à penser que ce voyage allait peut-être lui offrir le tonifiant dont elle avait besoin après les mois d'enfer qu'elle venait de vivre.

Ess a trouvé le bar, engagé immédiatement la conversation avec le barman, qui lui a raconté sa vie et qui lui a expliqué qu'habitant à une heure de route de l'aéroport, il devait se lever à cinq heures tous les matins. Il a fini par lui offrir deux consommations, et elle lui a laissé un pourboire de quarante dollars dont elle n'avait pas du tout les moyens.

Dans l'avion, Ess s'est fait de nouveaux amis. Trois hommes et une femme. Ils se sont vraiment bien amusés et leurs voisins ne se sont même pas plaints quand ils sont devenus bruyants. Les autres passagers partaient en vacances ou rentraient chez eux, heureux d'aller retrouver des lieux et des gens qu'ils se réjouissaient de voir.

Pour Ess, l'arrivée en Arizona a été un choc écœurant, comme c'est le cas lorsque tout l'alcool consommé pendant le vol se condense à l'air libre en gueule de bois épouvantable. Il n'y avait qu'un remède : boire encore un petit verre.

Elle s'est dirigée vers le bar, a commandé du vin rouge et a regardé son téléphone : quatre messages de Jennifer.

Où es-tu ? Ça va ?

Ces messages l'ont agacée. Elle avait envie de répondre :

Tu es qui ? Ma mère ?

Je viens d'atterrir, a-t-elle écrit en vidant son verre avec un air de défi.

Dès les portes tournantes passées, l'air sec et lourd vous prenait à la gorge.

– Helloooo ! s'est écriée Jennifer. Oh, mon Dieu ! Mais tu es splendide !

Elle avait attendu devant les portes, ne levant le nez de son téléphone que pour surveiller la sortie.

– Merci, a répondu Ess. Je me sens super bien.

– Alors ça, ça se voit vraiment !

– Toi aussi tu as l'air très en forme.

Jen a légèrement penché la tête. C'était sa manière à elle de réagir quand on lui faisait un compliment sur son allure. Jen était belle, elle n'avait jamais pris un gramme et, sans avoir eu recours à la chirurgie esthétique, elle paraissait quinze ans de moins que son âge. Elle entretenait soigneusement sa forme grâce à un mode de vie sain. Jen était aussi quelqu'un de vraiment sympathique, comme si, se sachant dotée d'une grande beauté naturelle, elle n'accordait aucune importance à la chose. C'était carrément agaçant, a pensé Ess. Ce pouvait être l'une des raisons pour lesquelles les deux femmes n'étaient pas devenues intimes. Que Jen maîtrise si bien ses atouts physiques pouvait rebuter les autres femmes, obligées de penser : si elle y arrive, pourquoi pas moi ?

Pendant le trajet, le chauffeur leur a vanté les beautés du paysage de l'Arizona. Ils ont dépassé de petites fermes plus ou moins en ruine, avec quelques chevaux tristounets dans leurs enclos, puis des lotissements en stuc rose s'étendant sur des hectares jusqu'au pied des montagnes, suivis par une interminable succession de centres commerciaux, avant de parvenir enfin dans une zone arborée aux pelouses bien vertes et aux restaurants haut de gamme.

Quand la voiture s'est arrêtée devant l'entrée du centre de bien-être, le moral d'Ess est retombé au plus bas : tout était si nu, si bétonné. Ce n'était pas ce à quoi elle s'attendait. Le personnel était agréable et souriant, comme les infirmières de l'hôpital. Tout le monde portait un uniforme bleu pâle souligné de bleu foncé. L'ensemble aurait dû être harmonieux, mais les nuances de bleu étaient mal choisies : au lieu de se compléter, elles juraient entre elles. Le fait qu'elle ait remarqué ce détail a convaincu Ess qu'elle n'était vraiment pas dans son élément.

Mais très vite, le bagagiste est arrivé ; il a plaisanté et même un peu flirté, et Ess s'est sentie mieux. Elle s'est souvenue qu'elle était là pour s'amuser et se détendre.

Elle l'a dit haut et fort au thérapeute qui les a reçues pour faire le point sur leurs attentes.

– Je suis ici pour passer un bon moment !

Les différents soignants l'ont approuvée en souriant.

– Moi aussi, je suis venue passer un bon moment, a répété Jennifer.

Comme on peut s'en douter, l'idée que chacune se faisait d'un bon moment était on ne peut plus différente.

Pendant les deux premières heures, Ess a fait tout son possible pour bien se conduire. Comme il n'y avait pas de traitements l'après-midi, elle et Jen sont restées près de la piscine qu'entourait un sol en ciment aux couleurs tourbillonnantes. Un distributeur proposait des snacks diététiques. Jennifer a tiré quelques billets de son portefeuille de designer et les a glissés dans la machine. Elle a offert à Ess un paquet de biscuits à base de riz et de tofu.

Elles se sont allongées sur leurs chaises longues, à l'ombre d'un parasol.

– Alors, a dit Jen en déchirant la cellophane d'un sachet de graines de courge, raconte-moi tout.

Le sachet s'est fendu d'un coup, déversant les graines sur le ventre luisant d'huile solaire de Jen, qui les a soigneusement ramassées une à une pour les placer sur une serviette en papier. Ess a commencé à raconter son histoire. Peut-être était-ce dû au manque d'alcool, mais Jen ne paraissait pas aussi impressionnée qu'elle l'aurait été dans le passé. Il y a quelques années encore, un traumatisme affectif comme celui d'Ess l'aurait passionnée, parce qu'à l'époque il n'y avait rien de plus intéressant à ses yeux qu'un traumatisme affectif.

— Oh, Ess, je suis désolée, a-t-elle dit.

— Je sais, ce n'est même pas distrayant. Et puis, je m'attendais à quoi, aussi ? Je ne l'ai jamais aimé.

Jen a hoché la tête et s'est levée pour déposer sa serviette en papier remplie de graines de courge dans la corbeille déjà poisseuse de thé glacé.

— Tu sais, a-t-elle dit en se rallongeant, ce n'est pas complètement impossible que tout n'ait pas été la faute d'Eddie.

Ess s'est redressée, tout de suite en état d'alerte maximum.

— Qu'est-ce que tu veux dire ?

Jen a réfléchi. Que voulait-elle dire ? Que si Ess pouvait admettre sa part de duplicité dans la situation – elle buvait quand même un peu trop, elle n'aurait de toute façon jamais dû épouser Eddie, et il fallait qu'elle arrête de compter sur les hommes pour vivre –, elle parviendrait peut-être à tirer des leçons de ce qui lui arrivait. Et à devenir meilleure.

Non, a pensé Jen, ce n'était pas le moment. Elle a résolu de calmer le jeu.

– Je ne voulais rien dire de spécial. Sauf que, lorsque j'ai divorcé, j'ai vraiment eu besoin de faire une bonne séance d'introspection et de comprendre en quoi j'avais des torts, moi aussi.

Ess a plissé les yeux.

– Oui, mais c'était il y a vingt ans. Tu avais trompé ton mari. Et il t'avait surprise.

– Tout ce que je voulais dire, c'est...

– Oui, oui, je sais. Je suis trop tendue. Je ferais peut-être mieux d'aller faire la sieste.

Elles sont tombées d'accord pour partir se reposer chacune de son côté.

Ess est retournée dans sa chambre, s'est étendue sur le lit. Il était dur et, au bout de cinq minutes, elle était fatiguée de sa propre compagnie. Elle a pris son téléphone. Deux des types qu'elle avait rencontrés dans l'avion lui avaient envoyé un message.

L'un était dans une chambre d'hôtel, mais l'autre l'attendait chez lui, et il n'habitait pas très loin. Ess a répondu à son message en lui disant de venir la chercher à la grille du centre de cure. Ils iraient boire un verre.

Ils sont allés chez TGI Friday.

Ess avait oublié à quel point c'était bon de se goinfrer de nachos au fromage saupoudrés de gros piments jalapeños marinés. Elle a bu quelques margaritas, assez pour être éméchée. Ce n'était pas une impression très agréable. Elle a demandé à son compagnon s'il pouvait la ramener au centre. Il pouvait. En fait, il paraissait content de se débarrasser d'elle. Il l'a déposée près d'une porte de service.

Ess est montée par les escaliers extérieurs. Elle pensait

être arrivée au premier étage, mais elle se trouvait en réalité au deuxième. Elle ne le savait pas jusqu'à ce qu'elle essaie d'ouvrir ce qu'elle pensait être la porte de sa chambre. Une femme en peignoir lui a ouvert, le visage recouvert d'un masque à l'argile.

– Chérie, tu t'es perdue, lui a-t-elle expliqué.

Alors Ess, comme une chèvre égarée dans la montagne, a pris un ascenseur pour descendre jusqu'à la passerelle vitrée qui traversait le hall d'entrée. L'apercevant depuis son bureau, la responsable de l'accueil lui a fait de grands signes, mais Ess a découvert un autre escalier qu'elle s'est mise à monter. Elle a longé un couloir, tourné trois fois vers la gauche. Au quatrième tournant, elle a failli se cogner à Jen qui, en robe de chambre et pantoufles de l'hôtel, l'attendait, un vigile à ses côtés.

– Je m'en occupe, maintenant, a dit Jen au vigile, qui avait déverrouillé la porte de la chambre d'Ess avec son passe.

Jen a ouvert le lit en soupirant.

– Oh ma belle, mais qu'est-ce que je vais faire de toi ? a-t-elle demandé.

– Désolée ! a répondu gaiement Ess en agitant la main.

Son essai de salut évoquait assez le battement d'ailes d'un oiseau blessé.

– Comment vous sentez-vous ce matin ? a demandé la thérapeute le lendemain.

Elle a posé une main bien hydratée sur l'épaule d'Ess en ajoutant :

– Si vous voulez parler de votre problème, n'hésitez pas, je suis là.

– Tout va bien, a dit Ess fermement.

Elle était en pleine forme. Elle avait la gueule de bois, mais ce n'était pas un problème.

Pourtant, si, c'était un problème. Et c'était celui du spa, a décidé Ess. Qui pouvait se sentir bien dans ce sinistre temple dédié à la santé ? Personne. Alors Ess a concocté un plan.

Tout l'après-midi, elle a recruté d'autres curistes, dans la queue de la cafétéria, au hammam, et jusque sur les tapis de yoga où des femmes dans son genre, qui n'avaient pas fait de sport depuis des millénaires, peinaient à maintenir leur posture. Et comme Ess, celles-ci avaient envie de s'amuser et de revivre leurs jeunes années, l'époque où avoir des amies signifiait sortir boire, dîner et rire.

Jen n'entrait pas dans cette catégorie. Il a fallu du temps pour la convaincre, mais elle a fini par céder et admettre qu'elle aussi, autrefois, avait bien aimé sortir boire, dîner et rire entre copines.

C'est donc un groupe de six femmes qui s'est échappé ce soir-là pour aller dans un club de danse de salon country. Des tables de pique-nique disposées en cercle entouraient la piste aménagée au centre de la salle. Les hommes portaient d'authentiques tenues de cow-boys. Ça ressemblait à une attraction pour touristes, mais ce n'en était pas une.

Le groupe s'est installé à une table libre. Une serveuse pressée leur a fait un vague signe de tête avant de leur tourner le dos.

– Je vais commander au bar, a dit Ess en se levant.

– Je t'accompagne, a proposé Jen.

Elle a pris le bras de son amie et a jeté un coup d'œil aux femmes qui attendaient à leur table.

– Tu peux me dire ce qu'on fiche ici ?

– Comment ça ? a demandé Ess. C'est marrant !

– Ah.

– Regarde ceux-là, a poursuivi Ess en montrant deux hommes installés au bar.

Grands et rougeauds, ils étaient du genre braves gars du Sud-Ouest américain.

– Ils sont sexy, a déclaré Ess.

– Qui ? Ces types-là ? a hoqueté Jen qui n'en croyait pas ses oreilles. Ils ne sont pas sexy du tout !

Ess s'est dirigée droit vers eux pour entamer la conversation.

D'après le récit de Jen, c'est à ce moment-là que les choses sont vraiment parties en vrille. Ess a dansé. Elle a trouvé le moyen d'échanger ses chaussures contre celles d'une autre femme. Et il n'est pas impossible qu'elle se soit fait offrir de la drogue sous une forme ou une autre.

Et c'est arrivé. Le drame.

Ess s'accrochait au bar. Si les muscles de son visage bougeaient encore, ils étaient dans l'incapacité de produire une expression normale.

Jen était hors d'elle pour plein de raisons. Ses souvenirs avec Ess vingt-cinq ans plus tôt resurgissaient. Mais ce qui la mettait le plus en colère, c'était que son amie était incohérente et ne tenait plus debout, obligeant Jen, une fois encore, à s'occuper d'elle et à la materner : elle allait devoir la forcer à poser son verre puis à partir. En espérant qu'elle n'aurait pas besoin d'un long détour aux toilettes avant.

Et qu'elle n'allait pas se mettre à vomir.

Encore un désastre à éponger.

– Ess ! a crié Jen.

Elle l'a dit peut-être plus fort et avec plus de dégoût qu'elle n'aurait dû, mais elle en avait par-dessus la tête. En tout cas, son ton n'a pas plu à Ess.

Laquelle s'est dressée, sur la défensive, en exigeant de savoir où était le problème.

Jen a soupiré. Elle savait qu'elle avait eu tort de parler aussi durement. Plus Ess s'énerverait, plus il serait difficile de la ramener à l'hôtel. Et Jen, qui était restée presque sobre, voyait bien que ce serait là sa mission de la soirée, que ça lui plaise ou non. Elle a pris un ton conciliant :

– Allez, viens, ma chérie. On s'en va.

Ess aussi a changé de ton. Elle est soudain devenue très joyeuse.

– Viens donc ici toi-même, que je te présente K. ! a-t-elle lancé en désignant son voisin.

Jen a fait un petit salut distant.

– Bonsoir, ravie de faire votre connaissance, a-t-elle dit poliment. Excusez-nous, mais nous devons partir.

– C'est p't-être vous qui devez partir, a rétorqué le type.

Jen l'a regardée, stupéfaite. Les hommes qu'elle fréquentait ne s'adressaient pas à une femme de cette façon. Il ne parlait pas sérieusement.

– Je vous demande pardon ?

– Allez donc faire un tour. Tirez-vous. Moi et vot'copine, on est en train de faire connaissance, alors cassez-vous.

– C'est plutôt à vous de vous casser !

Jen était folle de rage et ça lui faisait du bien. Elle s'est tournée vers Ess.

– On y va.

– Non, a répondu Ess.

Contrariée, Jen a jeté un coup d'œil dans la salle.

– Ess, s'il te plaît.

Jen affirme qu'elle a vu un éclair briller dans les yeux d'Ess juste avant que celle-ci se mette à hurler :

– Ta gueule, merde !

Ess a balancé son bras et une flaque de bière de la taille d'un frisbee est venue s'écraser sur le visage de Jen.

L'impact a projeté sa tête en arrière ; en se redressant comme un pantin désarticulé, elle a senti qu'elle était trempée. Paniquée, elle a touché ses cheveux, s'attendant presque à trouver du sang.

Mais elle n'était couverte que de bière mousseuse, couleur jaune pisse.

– Oh, mon Dieu ! s'est écriée Ess en se couvrant la bouche des deux mains.

Jen était sûre qu'elle riait sous cape.

Elle a saisi une poignée de serviettes en papier, s'est épongée comme elle a pu et a pris un taxi pour rentrer au centre de remise en forme.

Une fois douchée, emmitouflée dans son peignoir, Jen a eu envie d'écrire un long mail à Ess pour lui expliquer en détail ce qu'elle pensait d'elle. Mais elle était trop énervée pour le faire, alors elle a appelé son mari et, en larmes, lui a raconté toute l'histoire. Il lui a conseillé de passer l'éponge, ce qui l'a mise en colère, et elle s'est épanchée sur lui pour qu'il comprenne bien à quel point

Ess était vraiment un monstre. Son mari, un homme adorable qui avait toujours trouvé Ess sympathique, a dû convenir que oui, il avait senti dès le départ qu'elle avait de graves problèmes.

Pendant ce temps, Ess était toujours avec les cowboys. Au bout d'une heure, toutes les autres clientes du spa étaient parties, ainsi que le type du bar. Elle est sortie sur le parking et s'est mise à pleurer, jusqu'à ce qu'elle aperçoive un policier qui lui a appelé un taxi.

Le lendemain matin, elle n'a pas parlé à Jen. Elle n'a parlé à personne. Elle a pris le premier avion pour rentrer chez elle. Elle a bu un verre au bar de l'aéroport et, à peine installée dans l'avion, a sombré dans un sommeil comateux.

Ess est arrivée chez elle en début de soirée. En apercevant sa maison depuis la route, elle s'est sentie heureuse de retrouver l'allée familière et le magnolia rose en fleur dont son chien appréciait tant l'ombre pour ses siestes estivales. Quant à la maison elle-même, Ess avait oublié à quel point elle était majestueuse, et à quel point elle s'était crue la femme la plus chanceuse du monde lorsqu'elle s'y était installée avec ses fils.

À l'époque, quand elle rêvassait à son avenir, Ess imaginait vaguement qu'Eddie mourrait avant elle et lui laisserait toute sa fortune, y compris cette résidence où elle pourrait couler des jours paisibles. Trop commode.

Maintenant, elle savait que les choses ne se passeraient pas comme ça.

Elle n'en savait d'ailleurs pas plus.

Crise de Folie de la Cinquantaine : la vie après

En temps voulu, Ess finirait par trouver une solution. La plupart des femmes y parviennent. Reprendre sa vie en main après la CFC implique une bonne capacité à regarder les choses en face et à prendre la mesure de ce qu'on peut reconstruire à partir de là. Margo, une amie de Sassy, en est un bon exemple.

Comme la plupart des femmes qui font l'expérience de la CFC, Margo n'aurait jamais imaginé se trouver dans la situation qui fut soudain la sienne : à presque soixante ans, elle était seule, sans carrière ni travail, sans logement à elle et sans revenus. Elle savait qu'un jour, dans un avenir incertain, elle toucherait de l'argent, lorsque son futur ex-mari vendrait leur maison d'Atlanta.

Margo avait abandonné toute carrière depuis vingt ans, mais elle avait un talent. Elle peignait, et les gens étaient impressionnés par ses tableaux. Sassy et moi lui en avons acheté un, plusieurs de nos amies en ont fait autant, et nous avons pensé que ça réglerait ses problèmes financiers. Nous étions persuadées qu'une galerie du voisinage allait l'exposer, vendre ses toiles pour dix, vingt ou cinquante mille dollars, et que Margo serait sauvée. Il y avait sûrement assez de résidents richissimes dans la région, des gens pour qui cinquante mille dollars équivalaient à cinq cents pour les autres ?

Mais la réalité était bien différente. Margo a installé ses tableaux dans le coffre de sa Jeep pour faire le tour des galeries. Elle en a trouvé une qui acceptait de les vendre pour mille deux cents dollars. Margo paierait les cadres, qui coûtaient cher, et la galerie prendrait son pourcentage. Il lui resterait cinq cents dollars par toile. La galerie prévoyant d'en vendre deux par mois, elle se retrouverait avec mille dollars mensuels. Ce n'était pas assez pour vivre dans un village où le plus petit appartement se louait deux mille dollars.

Cet hiver-là, nous nous sommes fait du souci. Pas seulement au sujet de Margo, mais aussi à propos de Queenie, qui s'était évanouie plusieurs fois, et de Marilyn, qui avait recommencé à se terrer chez elle sans voir personne.

Nous n'avions plus aucune certitude. Installées le soir près du feu, nous méditions. Alors que Margo avait fait tout ce qui était considéré comme « juste » – travailler, se marier, avoir des enfants, cesser de travailler pour s'occuper d'eux et s'acquitter des innombrables tâches d'une mère de famille –, elle se retrouvait sans rien. Pendant ce temps, Sassy et moi, qui avions envoyé valser le rôle traditionnel de la femme en ne fondant pas de famille, nous étions correctement pourvues. Nous étions propriétaires de nos maisons, nous avions un plan d'épargne retraite et de l'argent à la banque.

Margo n'avait rien de tout ça. Il lui fallait un travail.

Au bout de trois mois, elle en a trouvé un : mesurer les stores pour une entreprise de décoration d'intérieur qui rénovait les maisons de milliardaires. C'était payé quinze dollars de l'heure, quarante heures par semaine : six cents dollars par semaine, deux mille quatre cents par mois. Le salaire annuel de vingt-neuf mille dollars

NO SEX IN THE CITY ?

brut était celui avec lequel elle avait démarré dans les années 1980. Au siècle dernier.

Mais le bon côté, c'est qu'elle bénéficierait d'une assurance santé. C'était aussi un job qu'elle connaissait bien : ç'avait été son tout premier poste quand, à l'âge de vingt-deux ans, elle avait travaillé pour un grand décorateur de l'Upper East Side. À l'époque, ça lui semblait passionnant. Elle débutait tout juste dans le métier et elle était convaincue de sa réussite.

Quarante ans plus tard, elle était revenue à son point de départ.

Ou c'est ce qui lui serait arrivé si la CFC n'avait pas décidé de lui donner une nouvelle chance.

À huit heures, le matin où Margo devait commencer son nouveau job, le téléphone a sonné. C'était son frère.

– Margo ? Tante Penny est morte.

Cette bonne tante Penny. La sœur de leur père. Elle ne s'était jamais mariée, n'avait pas eu d'enfants, et avait laissé toute sa fortune à Margo et à son frère. Et, parce qu'elle avait travaillé toute sa vie, elle avait amassé une assurance-vie tout à fait considérable.

Margo était sauvée ! Elle n'aurait pas à mesurer des stores toute la journée.

– C'est un miracle, a déclaré Sassy.

Nous sommes toutes tombées d'accord : c'était l'effet de l'excellent karma de Margo. Elle était toujours généreuse, serviable et disponible pour les autres, et voilà : l'univers avait enfin décidé de lui rendre justice.

Si on veut. Elle a touché juste assez d'argent pour acheter une petite maison dans une zone rurale, à vingt-cinq minutes de route du supermarché le plus proche. Margo s'en fiche. Elle dit que la chance de poursuivre son rêve de peindre toute la journée vaut bien un peu d'isolement.

Mais parfois, je me fais du souci pour elle. Je demande à Sassy si elle n'est pas trop seule là-bas, perdue au milieu de nulle part. Qui voit-elle ? Avec qui sort-elle ?

Je me demande si elle est déçue du tour qu'a pris sa vie, comme je le suis parfois moi-même. Si, comme moi, elle s'inquiète du prix à payer simplement parce qu'elle est une femme et qu'elle n'a pas toujours fait exactement ce qu'il fallait. Mais je me calme en me répétant le mantra qui rassure depuis des lustres les femmes troublées par ces questions : tout est une question de choix. Comme si, dans la vie, nous pouvions tout maîtriser.

7

Un garçon et son père : mère à l'essai

Le garçon et son père sont arrivés en pleine canicule.
Je les ai attendus chez moi, où la climatisation est minimale, en respirant calmement et en me répétant que je ne devais à aucun prix m'énerver. Ne pas me mettre en colère, alors que Max m'avait promis – promis – d'arriver à deux heures précises.

Il était six heures du soir.

Quand le téléphone a sonné, je me suis jetée dessus. C'était Sassy.

– Alors ? Ils sont arrivés ?

– Non, ai-je répondu en serrant les dents. Ils sont partis il y a une heure.

– Mais je croyais qu'ils devaient quitter New York ce matin ?

– C'était prévu, oui. Mais les tentes n'étaient pas arrivées.

– Quoi ?

– Les tentes. J'ai découvert que Max les avait commandées en ligne hier soir. Mais qui fait des trucs pareils ? Commander comme ça, à la dernière minute ?

Il savait depuis des semaines qu'il allait venir en vacances chez moi.

– Ma chérie, ça s'appelle être un homme, c'est tout, a répliqué Sassy pour me rassurer. S'ils sont trop difficiles, tu pourras toujours les envoyer chez Kitty. Et chez Queenie. On t'aidera toutes.

– Merci.

Soulagée, j'ai poussé un soupir de gratitude.

– Comment s'appelle le fils, déjà ?

Je me suis raidie.

– Euh… C'est un prénom islandais, je crois…

– Tu ne sais pas ? a-t-elle demandé, incrédule.

– Je ne m'en souviens plus. Il n'a que huit ans et il ne parle pratiquement pas anglais.

Mes invités n'étaient même pas encore arrivés et, déjà, je me sentais nulle d'avoir oublié le prénom de l'enfant. Pour me dédouaner, j'ai ajouté :

– Mais je suis sûre que tout va bien se passer.

« Tout va bien se passer » était mon nouveau mantra. La crise de la cinquantaine était loin derrière moi et la vie me souriait. Je faisais ce que recommandent tous les conseillers en bien-être : je restais « active », je mangeais « sain », et je ne buvais « pas trop ». Je mettais beaucoup de glace dans mon verre de rosé. Et je travaillais. Six heures par jour, de huit heures à quatorze heures.

J'étais heureuse, sereine.

C'est alors qu'un de mes ex, appelons-le Max, m'a appelée pour me demander s'il pouvait camper dans mon jardin avec son fils pendant dix jours. J'ai accepté.

Le môme tenait absolument à camper et Max avait promis de l'emmener. Le môme voulait dormir près de la forêt pour voir les animaux nocturnes. Il voulait pêcher son poisson et le manger. Il voulait dormir sous la tente.

Mon jardin était assez grand pour répondre à tous ses désirs. Il contenait même une vieille grange qui pouvait faire office de cabane. Il y avait l'électricité et un sol en ciment tout neuf. À la première averse, elle serait inondée, mais quel enfant n'aurait rêvé d'y vivre ?

J'étais sûre de pouvoir m'accommoder de leur visite. Tous les matins, je resterais fidèle à mes habitudes de travail pendant que Max établirait de nouveaux liens avec son fils. Il n'y avait qu'un problème : Max ne conduisait pas. Il n'avait pas renouvelé son permis depuis trente ans. Il avait toujours vécu en ville et n'avait jamais utilisé autre chose que des transports publics.

– Pas de problème ! avais-je assuré. Vous n'aurez pas besoin d'une voiture au Village. On peut se déplacer à vélo partout. Quel âge a ton fils, déjà ?

– Huit ans.

Nous sommes tombés d'accord : à cet âge-là, on sait faire du vélo, non ?

On a établi un plan d'action, que je me suis empressée d'oublier jusqu'à la semaine qui précédait leur arrivée.

– Ils vont vraiment venir ? m'a demandé Sassy.

J'ai haussé les épaules.

– Comment le savoir ? Tu connais Max. Il est tout à fait capable de changer d'avis à la dernière minute.

Max avait une attitude très relax vis-à-vis des contraintes de l'existence. À cinquante-cinq ans, il ne s'était jamais marié et ne semblait pas travailler. « Comment gagne-t-il sa vie ? » et « D'où vient son argent ? » restaient depuis toujours des questions sans réponse. D'après ses SMS et ses mails occasionnels, j'avais cru comprendre qu'il voyageait de par le monde pour participer aux festivals Burning Man avec un groupe de milliardaires aux visages poupins de la Silicon Valley.

Ça te dirait d'aller au festival Burning Man en Afrique ? me textait-il.

Je lui répondais : *Non merci ! J'ai du boulot. Délais très serrés. Mais amuse-toi bien !*

Je suis toujours un peu perplexe quand je dois expliquer à mes amies comment un garçon comme Max a pu devenir le père d'un enfant, d'autant plus qu'il affirme ne pas l'avoir « fait exprès ».

Max appartient à cette catégorie de gens qui n'auront jamais un mode de vie conventionnel et qui ne s'en cachent pas. Il dit toujours à ses partenaires qu'il ne croit pas au mariage et qu'il ne veut pas d'enfants. Il sait très bien que sa personnalité et son mode de vie ne conviennent pas à l'éducation d'un être humain jeune et vulnérable.

Mais Max est devenu parent quand même. Il a rencontré une Islandaise dans une soirée en Italie et ils ont passé les cinq jours suivants à faire l'amour. Deux mois plus tard, elle l'a appelé pour lui dire quatre choses : elle était enceinte, elle allait garder l'enfant, elle l'élèverait et il n'avait pas besoin de s'occuper de quoi que ce soit.

Six années ont passé. Six années au cours desquelles le garçon a grandi dans un petit pays nordique, ne parlant que l'islandais. À l'occasion, Max mentionnait son fils dans nos conversations. J'étais toujours un peu étonnée.

– Tu l'as vu ? Comment va-t-il ?

– Il a l'air d'aller bien. Mais nous ne pouvons pas vraiment communiquer : il ne parle pas anglais.

Le garçon menait une vie simple. Il avait une demi-sœur dont le père, un pêcheur du coin, était tout l'opposé de Max. L'enfant passait une grande partie de son temps dehors. Il serait probablement devenu pêcheur en Islande lui aussi.

Mais un jour, sa mère a décidé de chercher ailleurs une vie meilleure pour elle-même et ses enfants. Elle a rassemblé toutes ses économies et a déménagé à Manhattan, dans l'Upper East Side. Elle a trouvé du travail dans une agence immobilière spécialisée dans le créneau des locations à deux mille cinq cents dollars par mois. Elle avait de quoi vivre.

Mais surtout, parce qu'elle était à New York, Max, qui y passait plusieurs semaines par an, pouvait voir son fils plus souvent. Et maintenant, à cinquante-cinq ans et sans aucune expérience, il essayait de comprendre comment devenir père.

J'étais décidée à lui donner un coup de main. Après tout, il faisait un effort et il méritait d'être encouragé. Comme je l'expliquais à mes amies, c'était la raison pour laquelle j'avais proposé mon aide pour réaliser son rêve de vacances en camping avec son fils.

Je n'ai pas convaincu tout le monde.

– Tu ne trouves pas ça bizarre, toi, que cette femme étrangère envoie son fils habiter chez toi ? m'a demandé Tilda Tia, ajoutant qu'elle-même n'aurait jamais laissé ses enfants, surtout si jeunes, partir chez une femme qu'elle n'avait jamais rencontrée.

Je n'ai pas d'enfants alors je ne peux pas savoir, mais

j'imagine que, dans certaines circonstances, une mère peut choisir d'envoyer son enfant au loin. Comme dans *Heidi*, par exemple.

– Mais nous ne sommes pas dans *Heidi* ! a aboyé Tilda Tia. Et enfin, ce Max n'est même pas ton amoureux !

– C'est peut-être pour cette raison que tout ira bien, est intervenue Kitty. Elle n'est pas une menace.

– Est-ce que tu as seulement la moindre idée de ce qui t'attend ?

Tilda Tia, c'était la cheftaine des louveteaux. Quand elle séjournait chez Kitty, elle allait tous les jours au supermarché, faisait la cuisine et sermonnait les autres invitées pour qu'elles rangent leurs chambres.

Elle avait raison. Je n'avais pas la moindre idée de ce qui m'attendait. Mais je m'étais engagée, j'étais prête à vivre cette expérience quoi qu'il arrive. Et comme je n'avais pas d'enfant, je pensais que l'aventure constituerait au moins une bonne documentation sur le sujet.

J'ai pris mon téléphone pour regarder l'heure et les conditions météo. Il faisait très chaud et le temps tournait à l'orage, qui allait éclater d'ici une heure environ. Ce ne serait pas le bon moment pour monter les tentes. À cause... des risques d'électrocution.

J'ai envoyé un message à Max.

Vous êtes où ?

Quand l'enfant et son père ont fini par arriver en Uber à dix heures du soir, j'aimerais pouvoir raconter que j'étais aussi enjouée qu'une fée du logis dans une comédie de Doris Day, mais ce serait mentir. J'étais exaspérée qu'ils soient tellement en retard sur l'horaire prévu.

Mais l'arrivée de vos hôtes, c'est un peu comme un accouchement : vous êtes si contente de les voir que vous oubliez aussitôt à quel point l'attente était pénible.

Affichant ses bonnes dispositions de nouveau père, Max s'est précipité avec son fils dans la salle de bains en me laissant trimballer leurs bagages depuis l'allée jusqu'à mon salon.

En cherchant un endroit où ranger les affaires de l'enfant, j'ai compris soudain que Tilda Tia avait raison : la situation était un peu délicate. Je n'étais pas sa mère, mais il était chez moi. Son père n'était pas mon amoureux, mais il était chez moi, lui aussi.

D'un autre côté, ils ne séjournaient pas vraiment chez moi : ils étaient censés camper dans le jardin et faire de la cabane leur pièce à vivre. Ils auraient leur espace. Je garderais le mien. Le problème, c'était l'orage qui menaçait. Dormir sous la tente dans ces conditions n'était pas seulement désagréable, c'était aussi dangereux.

Mais le garçon ne voulait pas entendre parler de rester à l'intérieur. On lui avait promis une tente. Et quand son père et moi avons voulu lui faire remarquer que l'étage supérieur de la grange était assez grand pour qu'on l'y monte, il n'a pas été impressionné du tout. Pourtant, elle comportait même un petit climatiseur.

Il y ferait plus frais. Il y aurait moins de moustiques. Et on n'y craindrait pas la pluie.

Pas question. Le garçon ne voulait pas en entendre parler. Il a dit à son père de monter les tentes dehors. J'ai offert mon aide, mais il m'a fait signe de m'éloigner.

Je suis rentrée dans la cuisine pour me verser un verre de rosé avec de la glace et me féliciter de ma chance : cet enfant avait ses projets personnels et je n'en faisais pas partie.

Du coup, mes relations avec lui seraient simples : je serais une sorte de monitrice de colonie de vacances doublée d'une responsable d'Airbnb.

Deuxième jour

Le lendemain, je me suis réveillée au milieu d'un grand silence. Max et son fils étaient assis sur le canapé, occupés à déballer silencieusement le sac de voyage du garçon.

Je me suis fait une tasse de thé et je les ai rejoints. Max avait mal dormi dans sa tente, et lui et son fils s'étaient levés à six heures. Ils étaient déjà allés jusqu'à l'épicier-traiteur où ils avaient acheté leur petit-déjeuner, dont les restes – sacs en papier graisseux et emballages divers – étaient éparpillés sur la table.

– Tiens, a dit Max en me tendant une enveloppe.

– Qu'est-ce que c'est ?

– C'est un mot, de Glotis.

– De qui ?

– Glotis. Sa mère, a chuchoté Max entre ses dents.

Ah. Bien sûr. Glotis.

« Chère Candace, avait écrit la mère, merci de vous occuper de mon fils. Je suis sûre que ce sera une expérience magnifique pour lui. »

Ooooh. C'était adorable. Tu vois, Tilda Tia, avais-je envie de dire, la mère me fait confiance pour m'occuper de son fils. Je ne sais vraiment pas pourquoi, mais son instinct maternel lui dit peut-être que le séjour de ce gamin avec moi lui sera bénéfique.

Le père et moi avons passé les vêtements en revue.

– Pourquoi il n'a que deux shorts ? ai-je demandé.

Max a haussé les épaules.

– Je suppose que Glotis n'a pas beaucoup d'argent pour lui acheter des vêtements.

Je ne connais pas grand-chose aux enfants, mais pour les vêtements, je suis une spécialiste. Et dans ce cas précis, je savais exactement quoi faire. Max emmènerait son fils faire des courses et je les accompagnerais pour donner un coup de main.

Maman et moi

Par chance, il y a des tas de boutiques pour enfants sur Main Street. Et aussi, je l'ai remarqué pour la première fois, des tas d'enfants. Et de parents. Des familles. En leur emboîtant le pas, je me suis surprise à me demander à quoi ressemblerait mon existence avec Max pour conjoint et un fils à nous. C'était un rien tiré par les cheveux mais pas complètement impossible, ai-je pensé en suivant un couple de parents quarantenaires très séduisants et leurs superbes enfants jusque dans la boutique de vêtements de surf. Si c'était vraiment ma vie, serais-je plus heureuse, plus comblée ?

195

Partant du principe qu'acheter des vêtements, c'est un travail de femme, Max s'est immédiatement installé sur un canapé, le dos appuyé contre les coussins, et s'est mis à envoyer des SMS. Ça ne m'ennuyait pas. L'intervention de Max n'aurait fait que rendre la situation plus confuse et, de toute façon, je connaissais mieux la mode que lui.

– Hé, petit, regarde ça ! ai-je dit au garçon en tirant un tee-shirt jaune vif d'un rayon.

Je voulais l'attirer vers les portants d'habits colorés, mais il restait planté au milieu du magasin, l'air perdu. Il me regardait fixement.

– Très bien, alors, qu'est-ce que tu penserais d'une paire de… baskets ? ai-je demandé joyeusement.

Toujours ce regard, qui disait : « Toi, tu n'es pas ma maman. » Comme s'il ne comprenait pas ce que je faisais là avec lui, ni ce que je lui racontais. Il avait entièrement raison. Je n'étais pas sa mère, ni même une mère de substitution. Je n'avais aucune autorité sur ce garçon et nous le savions tous les deux.

Par chance, une vendeuse est venue vers nous.

– Quel adorable garçon, quelle est sa taille ?

Un instant, j'ai été flattée qu'elle me croie assez jeune pour être sa maman, mais je me suis souvenue qu'une maman connaît généralement la taille de ses enfants. Si j'admettais que je n'en savais rien, elle allait penser que j'étais une mère indigne, du genre qui se désintéresse complètement de ses rejetons.

Il allait falloir que je laisse tomber les faux-semblants. Je l'ai prise à part.

– En réalité, je ne suis pas sa mère. Je viens seulement

de faire sa connaissance. Et son père ne le voit qu'une fois par an. Et il ne parle pas anglais.

Elle a compris, naturellement. Et Dieu merci, parce qu'acheter des habits n'est que l'une des très, très nombreuses occasions où un enfant ne sait pas se débrouiller tout seul.

Les mères poules

Évidemment, je n'avais jamais pensé que j'allais m'occuper moi-même du fils et de son père. Après tout, les vrais parents aussi ont besoin d'aide, pas vrai ? Parfois même, quand ils voyagent en famille, les parents emmènent une nounou.

Quelqu'un m'avait suggéré cette solution à une soirée, chez des voisins fortunés, mais j'avais répondu que ni Max ni moi-même n'avions les moyens de prendre une nounou. Et même si nous avions pu, il n'y avait pas de place pour la loger. On ne pouvait pas demander à une nounou de dormir sous la tente, au fond du jardin.

Heureusement, mes amies étaient prêtes à m'aider. Comme Tilda Tia, elles étaient convaincues que cette visite allait virer au désastre et que j'aurais besoin de mon équipe de sauvetage.

Depuis mon enfance, tout le monde sait que je n'ai pas la fibre maternelle. Quand la mère d'une de mes copines de classe avait un enfant, toutes les petites filles se précipitaient pour voir le nouveau-né. La mère le prenait dans ses bras et le confiait à l'une des filles, qui roucoulait un moment avant de le passer à la suivante et ainsi de suite jusqu'à ce qu'arrive mon tour, mais je refusais de le porter. Outre le fait que je trouvais terrifiant de tenir le bébé d'une autre – et si je le laissais tomber ? –, j'avais aussi l'impression qu'on cherchait à m'endoctriner.

À l'époque, toutes les filles qui se débrouillaient bien avec les bébés avaient des enfants dans les bras assez vite : on leur demandait d'être baby-sitters.

Pas moi, merci bien.

C'est pourquoi toutes mes amies s'étaient portées volontaires pour m'aider à jouer à la maman. Queenie et Kitty, qui avaient toutes les deux une piscine, avaient offert de recevoir le garçon chez elles et même de le garder pour l'après-midi. Sassy avait promis de « faire du sport » avec lui, c'est-à-dire de jouer au badminton et au bridge.

La mauvaise mère

C'est une chose d'être une mauvaise mère en théorie, mais c'en est une autre de le devenir pour de bon, dans la vraie vie. Même dans les cas où, techniquement, vous n'êtes pas la mère.

On dirait que la plupart des femmes, qu'elles soient mères ou non, savent quoi faire dans le cas où un enfant esseulé se trouve dans les parages. Par exemple, quand un enfant arrive chez vous, vous lui donnez tout de suite quelque chose à boire. Vous l'emmenez aux toilettes.

Vous lui donnez un cookie. Vous le traitez comme on traite un producteur sur un plateau de cinéma hollywoodien.

C'est exactement ce qu'a fait Queenie quand nous sommes arrivés chez elle pour piquer une tête dans sa piscine. Queenie étant ce qu'il est convenu d'appeler une maman-gâteau, le garçon est tout de suite tombé sous le charme. Pendant que notre hôtesse l'emmenait vers la salle de bains, je me suis fait chapitrer par les autres.

– Mais pourquoi tu ne nous as pas dit qu'il était si mignon ? m'a demandé Sassy.

– Et comment tu fais pour ne pas retenir son nom ? C'est une personne, enfin ! m'a reproché Kitty.

– Attention, je ne veux pas m'imposer. Je tiens à respecter ses limites personnelles. S'il se souvient de mon nom, je me souviendrai du sien.

J'essayais de leur expliquer ma théorie de la monitrice de camp de vacances, mais ça n'a pas pris.

– Même les monitrices se souviennent des noms des campeurs, ça fait partie de leur boulot, ma belle, m'a expliqué Marilyn comme si j'étais une vieille toupie amnésique.

Quelques secondes plus tard, Queenie a surgi sur la terrasse, tenant le garçon par la main. Elle était élégante, glamour et raffinée, et maintenant le gamin aussi. Il avait l'air heureux et détendu. Pour la première fois de la journée, je me suis détendue aussi.

Mais pas pour longtemps. L'autre problème des enfants, c'est qu'on ne peut pas les amuser pendant quelques minutes et s'attendre à ce qu'ensuite ils vous laissent tranquille et se distraient tout seuls.

Et on ne peut pas non plus les amuser pendant quelques minutes puis les laisser tout seuls pour aller se distraire ailleurs. Ça ne marche pas comme ça. On n'est pas à une réception. Il faut les amuser en continu.

Queenie, parce qu'elle a eu des enfants, était au courant. Elle a demandé au gamin s'il savait nager, et elle l'a accompagné dans l'eau. Tout le monde a pris des photos de Queenie et du garçon. Elle lui a dit qu'il était très beau et très gentil aussi, et nous sommes tombées d'accord : Queenie était la meilleure maman de nous toutes. Elle avait le don.

Puis Queenie est rentrée dans la maison, appelée par sa propre fille, et Marilyn a pris le relais.

Marilyn a grandi en Australie, au bord de l'océan, et elle a réussi à faire sortir l'enfant de sa coquille. Dans son anglais hésitant, il lui a raconté comment lui aussi avait habité près de la mer en Islande, là où il faisait nuit pendant deux mois entiers l'hiver et où il faisait aussi très froid. Au bout d'un moment, Marilyn, qui restait en plein soleil pour laisser l'enfant à l'ombre du parasol, a eu trop chaud. Elle a plongé dans la piscine et le garçon est allé s'asseoir sur les genoux de Kitty – une maman aussi, puisque dès ses vingt ans elle avait élevé sa fille seule – pendant que Sassy lui racontait des histoires.

Et où était Max pendant que toutes les femmes maternaient son fils ? Il faisait la sieste sur le sofa, dans le salon climatisé.

Mais le garçon a commencé à s'ennuyer. Sassy m'a

jeté un regard qui signifiait clairement que c'était mon tour de le distraire.

— Salut, toi, ai-je dit en l'attirant un peu à l'écart.

Il avait un grand sourire confiant.

— Tu veux apprendre à plonger ?

— Comment ?

— Comme ça.

J'ai exécuté un plongeon qui datait de mes entraînements dans l'équipe de natation, quand j'avais huit ans moi aussi. Succès complet. Finalement, le gamin avait envie de faire quelque chose avec moi.

Et je dois dire qu'il apprenait vite. En quarante minutes, il maîtrisait le plongeon. Il ne manquait pas de ténacité. Il n'abandonnait pas. Et il ne se plaignait jamais.

Finalement, j'allais peut-être me tirer haut la main de mon aventure de maman-monitrice de camp de vacances.

Troisième jour

Bien décidée à régler le problème de la mobilité, j'ai décidé qu'il était temps de mettre l'enfant sur un vélo.

J'espérais en finir tôt le matin, pour avoir le temps de travailler. Mon projet était donc de conduire Max et son fils chez le loueur de vélos et de les y laisser.

Mais une fois dans la voiture, j'ai découvert la longue liste de choses dont Max et son fils avaient besoin. Un gémissement m'a échappé quand j'ai compris que l'excursion de trente minutes allait prendre plus d'une heure.

Tout a commencé par le magasin d'articles de pêche où nous nous sommes disputés pendant vingt minutes à propos des cannes avec ou sans moulinet pour repartir les mains vides. Au supermarché, nous avons acheté des tas de choses que je ne mangerais jamais, comme des marshmallows, des fruits en dés et des chips. Je commençais à m'énerver en pensant à toutes ces provisions qui allaient encombrer ma petite cuisine.

Finalement, nous sommes arrivés chez le loueur de vélos. Le garçon paraissait hésiter à entrer, mais je me suis dit que ce n'était pas mon problème. Je n'étais pas le parent. J'ai attrapé un paquet de chips sur la banquette arrière et j'ai commencé à le déguster, heureuse d'avoir cinq minutes à moi. Max est sorti de la boutique.

– Hello ?

J'ai passé la tête par la vitre.

– Oui ?

– Il y a un problème. Il faut que tu m'accompagnes dans la boutique.

À l'intérieur, l'atmosphère était tendue. Le garçon, debout dans un coin, avait l'air de quelqu'un qui cherche à rentrer sous terre. Pauvre gamin. Le problème, c'était qu'il ne savait pas faire du vélo. Et il ne voulait pas le dire à son père, parce qu'il avait peur de le décevoir.

Tout ça me brisait le cœur, mais ça voulait dire que j'allais devoir conduire Max et son fils partout, ce qui n'était pas ce qui était prévu. Il fallait reprendre la situation en main.

– Il peut peut-être apprendre à faire du vélo, ai-je suggéré.

J'ai insisté sur le fait que ma maison était idéalement située pour l'apprentissage d'un art aussi vital que le vélo : il y avait un parc au coin de la rue et une impasse derrière chez moi. La caserne des pompiers, juste à côté, disposait d'un parking assez large pour pratiquer les virages. Moi-même, je m'y étais entraînée au début de l'été.

Le garçon a été frappé par mon idée.

– Popa ? Tu vas m'apprendre à faire du vélo ?

– Bien sûr, mon fils.

Succès sur toute la ligne.

Ou pas. Visiblement, rien n'est simple quand on essaie de bien faire pour sa progéniture. Le magasin ne vendait pas de vélos avec des roulettes, qu'il fallait commander en ligne. J'allais encore devoir y consacrer du temps, et j'ai commencé à m'inquiéter parce que je négligeais les aspects de ma vie qui n'incluaient pas mes invités. J'ai expliqué à Max que je devais impérativement écrire le lendemain matin, et qu'il lui faudrait trouver une activité pour son fils, de façon à me libérer trois heures. Il a levé les yeux au ciel.

– Très bien !

– S'il te plaît, Max. Je ne veux pas être désagréable, et j'adore vous avoir tous les deux. Mais j'ai vraiment besoin de travailler.

– Tu as toujours besoin de travailler, m'a-t-il dit d'un ton de reproche, comme si c'était la raison qui nous avait séparés quinze ans plus tôt.

J'ai essayé de ne rien répondre. À ce moment-là, l'idée d'écrire me donnait des nausées et un sentiment d'impuissance similaire à celui qu'on éprouve quand on a un chien malade. Je voyais approcher la date de remise pour un livre qui n'avançait pas, ce qui voulait dire que je devais travailler deux fois plus que d'habitude.

Et j'avais besoin d'argent.

Je ne tenais pas à en parler à Max, mais si la maison n'était pas rénovée, c'était parce que je n'avais pas les moyens de faire venir des entreprises. Et, au rythme où allaient les choses, je n'en aurais peut-être jamais les moyens.

Et je n'allais pas avouer à Max que j'avais des visions de ma vie dans trente ans, dans la même maison jamais rénovée, portant les mêmes vieux vêtements – et encore, c'était la version optimiste.

Quoi qu'il en soit, je me sentais quand même coupable.

Sixième jour

Le vélo à petites roues est arrivé !

Les employés du magasin l'ont monté avec une adresse de prestidigitateur et, trois minutes plus tard, sans l'aide de son père, le garçon pédalait sur le parking.

Il était aux anges ! J'aurais pu dire que son sourire s'étirait d'une oreille à l'autre, mais c'était plus que ça. C'était un sourire qui vous récompensait de tout ce que vous deviez supporter : la pagaille, l'agitation, la contrainte que représente un petit être qu'il faut habiller, distraire, surveiller et pour qui on s'inquiète en permanence de façon obsessionnelle. Il n'y a rien de comparable à l'expression de bonheur qui illumine le visage d'un enfant qui vient de réussir quelque chose pour la première fois.

Vous savez alors que vous avez vécu.

Donc, comme un parent authentique, je me suis précipitée vers ma voiture, j'ai pris mon téléphone et j'ai commencé à filmer le moment historique.

Septième jour

On dit qu'avoir des enfants fait de vous une meilleure personne et, comme je l'avais espéré, c'était le cas pour Max.

En voyant que son fils apprenait vite, Max a résolu de l'instruire dans plusieurs domaines. Le petit apprendrait à pêcher, à jouer au tennis, à se faire de nouveaux amis, et il améliorerait sa méthode de lecture pour passer dans la classe supérieure.

Pour prouver leur détermination, Max et son fils sont allés au Village à vélo. Ils sont revenus avec la collection complète des livres de Roald Dahl, et aussi avec des ciseaux et du bristol pour construire un diorama. Et ensuite, Dieu merci, ils ont emporté leur butin dans la grange.

Une demi-heure est passée. Soudain, la maison semblait vide. Curieuse, je suis sortie pour voir ce qu'ils faisaient, et peut-être offrir une suggestion ou deux.

Ils m'ont renvoyée à mon bureau.

Ils n'avaient pas besoin de moi.

Et ça, ai-je compris aussitôt, c'est l'une des réalités de

la vie quand on n'a pas d'enfants. Personne n'a besoin de vous. Sauf peut-être votre chien et vos amis, mais ce n'est pas la même chose. Et en poussant le raisonnement plus loin, on arrive à ceci : quand vous mourrez, qui sera désespéré de vous perdre ? Certes, vos amis seront tristes, mais pas éternellement. Et si vos amis sont en général volontaires pour se rendre à vos funérailles, ils n'auront pas forcément envie de les organiser. Et enfin, à qui laisserez-vous le montant de votre assurance-vie ?

Pour peu que vous ayez la chance d'en avoir une, bien sûr.

Ce soir-là, en me préparant à aller me coucher, je pensais à Max et au fait que tout à coup il avait un but dans la vie : son fils. En fermant les yeux, je me suis demandé si j'avais raté quelque chose.

Alors le lendemain matin, quand Max m'a parlé de ses projets et m'a dit à quel point ses vacances avec son fils étaient réjouissantes et qu'il aimerait vraiment les prolonger de quelques jours, j'ai dit oui tout de suite.

Dixième jour

— Allez, mon vieux, avance ! ai-je grincé entre mes dents à l'intention du conducteur extra-lent qui se traînait devant moi.

Pourquoi, mais pourquoi étais-je encore dans ma voiture ?

Pour le bien de l'enfant. Il allait passer la journée en camp de vacances, sur le terrain de l'école privée du

Village, et comme c'était trop loin pour y aller à vélo, je le conduisais. En compagnie de son père. L'enfant ne me dérangeait pas. Max, c'était un autre problème. Il parlait non-stop de ce stupide mariage californien où il devait se rendre déguisé en ours polaire, et du fait qu'il n'avait toujours pas commandé son costume sur Amazon.

J'ai respiré un bon coup et regardé les enfants du camp qui commençaient leur journée. Parfois ils démarraient par un lâcher de ballons, ou ils mettaient des masques, mais ce jour-là, ils jouaient tous d'un instrument de musique. Des bannières aux couleurs radieuses, vert, violet, orange, décoraient les hautes fenêtres du bâtiment.

Les enfants et les quelques adultes présents battaient joyeusement des mains.

– Pourquoi sont-ils toujours si heureux ? ai-je demandé.

– Hein ? a dit Max.

– Oui, popa, pourquoi ils sont heureux ? a répété l'enfant.

Contrairement à ces parents enthousiastes et à leur progéniture, Max et moi étions des épaves. Max se promenait en baskets minimalistes à cinq doigts, vêtu du même tee-shirt nuit et jour. Avec mon short plein de taches et mon vieux polo délavé, je ne valais guère mieux. C'était plus pratique comme ça.

Oubliés, les petits plaisirs de la vie de femme célibataire d'âge mûr, ces moments de paix où je contemplais les légumes sur les étals du marché. Terminées, les balades avec les chiens sur la plage de Havens Beach et la découverte du coquillage parfait, orangé et de la forme d'un ongle délicat, ou encore les soirées enivrées passées à danser sur de la pop. Bref, toutes ces choses que les quinquagénaires responsables et sains sont censés faire pour vivre encore trente ans. L'idée, c'est que chacun a le loisir de chercher à s'élever soi-même au lieu d'élever des enfants.

Maintenant, je me réveillais tous les jours avec une liste longue comme le bras de choses à faire, à acheter, à réparer, à nettoyer. Mais je me préoccupais surtout de l'enfant. Malgré le fait que nous n'étions pas très proches, que nous nous parlions à peine et que le môme, j'en avais la nette impression, ne m'aimait pas beaucoup, je ressentais le besoin de veiller à sa sécurité. Et plus encore, de veiller à ce qu'il soit heureux.

J'avais acquis ce que j'appellerais des réflexes maternels.

Par exemple, deux jours plus tôt, alors que nous allions le chercher sur les quais après sa matinée en camp de pêche, je m'étais surprise à étudier les autres enfants. Est-ce qu'ils le trouvaient sympathique ? Est-ce qu'ils jouaient avec lui ? Ou bien restait-il seul ?

Oh, mon Dieu. Avait-il des amis ?

J'avais remarqué qu'il semblait différent des autres. Ce n'était pas seulement qu'il était plus mince. Il avait une sensibilité bien à lui, qui le faisait paraître moins éduqué. C'était peut-être simplement dû au fait que son père s'occupait seul de sa lessive. Ses vêtements froissés portaient les faux plis révélateurs de trop longs séjours dans le séchoir.

Bon, mais ce n'était pas grave, ai-je pensé en observant

toujours le petit groupe. Au moins, il était intelligent. Et il apprenait vite. À présent, il savait faire du vélo, jouer au tennis, diriger une planche de paddle, plonger et pêcher. Si nous étions une famille qui vivait en pleine nature, il saurait se rendre très utile. Tous les jours sans exception, il rentrait de ses journées de pêche avec au moins deux poissons pour nourrir ses « parents ».

Dites-moi, s'il vous plaît, combien d'enfants sont capables d'en faire autant ?

Douzième jour

Plusieurs paquets sont arrivés. Max les a ouverts et a enlevé les billes de calage en polystyrène qu'il a déposées dans un grand saladier. Ce n'était pas le récipient que j'aurais utilisé, mais je n'ai rien dit. L'important, c'était son attitude attentionnée, qu'il transmettait aussi à son enfant. Je me suis souvenue que, grâce à eux, je vivais par osmose l'expérience d'une famille heureuse, et que ma vie ne serait pas finie si je ne rendais pas mon livre dans les délais. Je ne serais pas ruinée pour autant non plus, du moins je pouvais l'espérer.

Je me suis penchée pour voir ce que Max sortait de la boîte.

– Regarde, mon fils, c'est un bonsaï.

– C'est quoi ?

– C'est un arbre nain. Tu as déjà vu des personnes naines ? Le bonsaï, c'est pareil, en version arbre.

Là encore, ce n'était pas l'explication que j'aurais

choisie, mais j'avais appris à ne pas critiquer Max devant son fils. Si j'énonçais la moindre remarque pouvant passer pour négative, l'enfant prenait la mouche.

La veille, alors que je nettoyais la rôtissoire encrassée pendant que Max arrosait d'alcool des prunes et des pêches coupées en deux, j'avais commis l'erreur de lui dire qu'il était un drôle de mec. Le garçon s'était aussitôt hérissé et m'avait fait signe de le rejoindre dehors.

– Oui ? Qu'est-ce qu'il y a, mon petit ? avais-je demandé.

– Dis pas de mal de mon popa. Mon popa est pas un drôle de mec.

– Tu crois que c'est mal d'être un drôle de mec ? Je pensais que c'était plutôt chouette.

Il m'avait regardée, soupçonneux.

– Comment tu le décrirais, mon popa ?

C'était sûrement une question-piège.

– Eh bien, il voyage beaucoup, tu vois, alors je pense qu'il est du genre James Bond.

Pas de réaction. Puis, au bout d'un silence :

– C'est un nerd, mon popa ?

– Je pense qu'on pourrait dire ça, oui, qu'il est un peu nerd.

– Et c'est bien ou c'est pas bien ?

– C'est bien. C'est très bien.

J'avais essayé de le rassurer.

– Alors, pourquoi t'as pas dit que c'était un nerd, au lieu de dire un drôle de mec ?

Je n'avais pas su quoi répondre.

Pendant que Max et son fils examinaient le contenu des caisses, j'ai pris un crayon de couleur et un bloc de papier et j'ai commencé à dessiner les caniches. Le garçon est venu voir ce que je faisais. Et il s'est mis à dessiner un chameau. À part le léger crissement des crayons sur le papier, on n'entendait que le silence dans la maison.

C'était plaisant. Très plaisant de rester à dessiner tranquillement dans le salon. Si j'avais un enfant, j'apprendrais à mieux dessiner, ai-je pensé en roulant mon premier essai en boule. J'ai tenté de faire une tête de cheval. Tout en dessinant, je me demandais comment ce serait si nous passions plus souvent du temps ensemble, Max, son fils et moi. Et que pouvait bien penser la mère de la situation ? Après tout, j'étais une ex de Max, ne s'inquiétait-elle pas un peu en pensant que lui et moi pourrions nous retrouver en couple et vouloir élever son enfant ? J'avais déjà demandé à Max :

– Elle est jolie ?

– Qui ?

– Sa mère.

Il avait haussé les épaules.

– Elle est jolie, comme sont les filles en Islande. Elles sont toutes jolies.

Ayant obtenu son nom de famille par Max, j'avais fait quelques recherches en ligne. Elle était, bien sûr, extraordinairement belle.

J'ai pris une nouvelle feuille et commencé un portrait de profil de l'enfant. Il s'est penché pour voir ce que je faisais.

– C'est censé être moi, ça ? Tu as fait le nez trop gros.

– Oui, c'est vrai. Je n'ai pas exactement les proportions…

Il a soupiré. J'ai soupiré. Il est retourné vers son père, sans doute pour se plaindre de moi, et je suis retournée à mon bureau.

Quatorzième jour

Un énorme orage au cours de la nuit a laissé le campement détrempé. Il a aussi inondé la grange, que j'ai dû écoper à la main, avec un seau et toute une panoplie de balais. C'était l'une de ces corvées inévitables que, pour une raison inconnue, j'étais la seule à pouvoir mener à bien.

Les mâles devaient s'occuper de leurs tentes.

Ma tâche finie, je me suis dirigée vers la maison, et là, surprise ! Max avait préparé de délicieux sandwichs bacon-laitue-tomate, en quantité suffisante pour qu'il nous en reste pour plus tard. Il était vraiment en train de se transformer en père génial. En déjeunant nous avons parlé de l'orage, et Max a essayé d'expliquer à son fils les mystères de l'électricité.

Ça m'a fait sourire. Max a proposé de ranger la cuisine pour que je puisse retourner travailler plus vite.

J'ai eu dix minutes de tranquillité.

– Viens vite ! a soudain crié Max.

– Qu'est-ce qui se passe ?

Paniquée, je me suis précipitée à sa suite hors de la maison. Il a ouvert sa tente.

La toile n'étant pas imperméable, le sol était jonché de vêtements trempés. Des heures de lessive m'attendaient.

J'ai décidé de leur inspirer confiance en prenant ma voix de monitrice la plus joviale.

– Bon, alors, les garçons, vous n'avez qu'à porter tout ça sur le perron et je vais mettre la première machine en route.

Max m'a jeté un regard mauvais. Il m'a informée qu'il comptait profiter de cet incident pour expliquer à son fils les principes de sécurité en cas de foudre et que je pouvais m'en aller.

Une demi-heure plus tard, je suis retournée les voir. Ils n'avaient rien fait. Ou s'ils avaient fait quelque chose, ce n'était pas porter les vêtements mouillés jusqu'à la maison.

– Hé, vous pouvez vous y mettre, les gars ? ai-je suggéré.

Max s'est brusquement énervé.

– Je ne savais pas que tu dirigeais cette maison comme une usine. J'étais en train de parler à mon fils.

– Et ce serait parfait si je n'avais pas quatre machines à faire tourner avant ce soir !

J'ai tourné les talons, furieuse, et je suis repartie vers mon bureau.

Les enfants et les hommes ont pas mal de traits en commun, comme la capacité de commencer un projet et de ne pas le finir ; de laisser traîner leur bazar pour que d'autres le rangent ; de ne pas comprendre le mot « désordre », ni même de savoir à quoi ça ressemble.

Rien de tout ça n'est grave, sauf si vous jouez les gardiennes du foyer dans la relation. Si vous maternez et nettoyez en silence, si vous placez les autres et leurs besoins au-dessus de tout, même si – et surtout si – ça vous empêche de vous occuper des vôtres.

En d'autres termes, vous vous êtes portée volontaire

pour devenir une citoyenne de deuxième classe, celle que personne ne remercie jamais. Qui s'acquitte de toutes les corvées les plus pénibles. Et qui n'est même pas considérée. À mon avis, les femmes devraient confisquer la fête des Mères aux entrepreneurs – masculins – qui se font des millions sur nos sentiments en vendant des cartes de vœux et des bouquets de fleurs, et la remettre entre les mains des mamans. Celles-ci ne seraient pas mécontentes de bénéficier d'un peu d'aide.

J'étais en train de traiter Max intérieurement de tous les noms lorsqu'il est arrivé, cinq minutes plus tard, avec un tas de linge trempé qu'il m'a aidée à mettre dans la machine.

J'ai fait un effort pour respirer calmement. Tout allait bien se passer.

En retournant à mon bureau, j'ai vu du coin de l'œil le sandwich que Max avait laissé sur la table. J'ai volé un petit morceau de bacon en pensant que la journée serait peut-être bonne après tout.

J'ai eu la paix pendant trois minutes.

– Oh, non ! a hurlé Max.

Je me suis levée précipitamment.

– Quoi ? Qu'est-ce qu'il y a ?

– Ton chien a mangé mon sandwich !

Quinzième jour

Étions-nous déjà à la fin du mois ? Comment le temps avait-il pu passer si vite ? Et avec tant d'émotions ?

Vers deux heures de l'après-midi, par un beau

214

dimanche ensoleillé, Max et moi nous sommes prudemment perchés sur les plus hauts gradins du stade
pour assister à la cérémonie de remise des prix du camp
de vacances. On voyait que les autres parents étaient
des habitués. Ils étaient assis tous ensemble au milieu
des rangées et connaissaient les prénoms de tous les
mômes. Si j'avais eu des enfants, je suppose que ç'aurait
été ma vie à moi aussi : assister à une cérémonie, coiffée
d'une casquette de baseball et entourée d'une famille,
la mienne. Les parents avaient tous l'air sympathiques
– la présence des enfants pousse souvent les adultes à
bien se conduire –, mais ils avaient aussi tous dix ans
de moins, au minimum, que Max et moi. Leurs visages
avaient encore cet éclat optimiste qu'on voit chez les
gens persuadés que tout ça va finir par faire sens.

Moi et Max, nous sortions du lot. Nous ne savions
pas où nous asseoir. Ni quoi faire, une fois assis.

Les vrais parents, eux, supposais-je, n'avaient pas ce
problème et je les enviais : leurs vies avaient un côté
structuré qui les rendait peut-être prévisibles, mais c'était
rassurant. Parce que, dès le moment où vous avez des
enfants, vous savez ce que vous êtes censé faire de votre
existence. Vous savez ce qui est censé arriver, et quand.

Célibataire sans enfant, vous n'avez pas cette struc-
ture. Et vous ne savez pas comment les choses vont se
passer. C'est pourquoi, en attendant que le coach appelle
le nom du garçon, j'étais une vraie boule d'angoisse.

Qu'est-ce qu'il faut faire s'il appelle le nom de l'enfant en dernier ? Et s'il oublie, et qu'il ne l'appelle pas
du tout ? Et s'il n'a plus de trophées à distribuer avant
d'atteindre son nom ? Mon cœur allait se briser.

Il faut que j'aille lui en toucher un mot, à ce coach.
Que j'aille lui tirer un peu les oreilles.
– Hé ! j'ai crié.
Max m'a donné un coup de coude.
– Hé ! Tu ne filmes pas ?

Dix-septième jour

Le garçon et son père sont partis un mardi dans la
vieille camionnette grise toute déglinguée d'un chauffeur
de taxi local. J'ai bien pensé, fugitivement, que cette
épave n'allait jamais arriver jusqu'à New York mais,
comme d'habitude, j'étais la seule à m'inquiéter.

De toute façon, il n'y avait pas d'autre choix. Ils
avaient besoin d'espace pour le vélo et les tentes, et
pour le diorama terminé que Max et son fils, astucieux,
avaient enchâssé dans une boîte en carton.

Ils ont bourré le coffre de la camionnette et claqué
les portières. Du perron, j'ai assisté à la marche arrière
précautionneuse du chauffeur. Je leur ai fait au revoir
de la main, mais sans m'attarder.

J'ai filé m'installer devant mon ordinateur pour regarder la vidéo que j'avais faite pour l'enfant. Le film était
une révélation : les vacances correspondaient exactement
à celles que Max et moi avions espérées. Avec ses deux
tentes, ses deux grils à charbon et son filet de badminton, le jardin ressemblait en tout point à un terrain de
camping. On voyait l'enfant, devant la maison de Kitty,
qui apprenait à faire du paddle dans la baie en com-

pagnie de l'un des caniches ; puis sur le port, descendant du bateau et montrant fièrement les deux grands poissons qu'il avait pêchés ; et enfin, s'avançant vers le centre du stade pour aller chercher son trophée.

Tout au long du film, il avait l'air heureux. Il riait, blaguait. Il s'amusait.

J'avais également filmé Max, mon cher vieux Max. Les mains sur les hanches, souriant d'un air fier et ravi, il regardait son fils pédaler pour la première fois sans roulettes.

Je me suis demandé si l'enfant se souviendrait de moi. Probablement pas. Mais s'il le faisait, je serais cette drôle de femme chez qui il avait passé des vacances, l'été où il avait appris à faire de la bicyclette.

Et qui n'a pas besoin d'une personne comme ça dans sa vie ?

J'ai donné à mon film le nom du garçon – Dagmar – et je l'ai enregistré.

8

L'expérience du Nouveau Jules

Marilyn et moi avons toutes les deux un Nouveau Jules !

C'est un peu un miracle. Jusqu'au moment où nous avons rencontré MNJ (Mon Nouveau Jules), nous nous considérions comme des célibataires endurcies. Nous ne pouvions simplement pas nous imaginer en compagnie d'un homme, et nous nous félicitions de n'en éprouver aucun besoin. Bon, de temps à autre nous nous demandions, un brin perplexes, si nous allions vraiment passer le reste de nos nuits à dormir seules, mais très vite, comme des femmes raisonnables, nous nous réjouissions d'avoir des lits où dormir en paix.

Et pas seulement des lits, mais une chambre à nous, dans une maison qui nous appartenait.

Puisque nous n'envisagions pas l'arrivée d'un homme dans notre vie future, nous ne cherchions pas. Nous refusions les rendez-vous et ne fréquentions pas les bars ou les restaurants où nous aurions pu faire des rencontres. La plupart du temps, nous restions chez Kitty à nous raconter comment nous allions rénover nos maisons si, un jour, nous avions l'argent pour le faire.

Nous avions donc réduit à zéro nos chances de rencontrer quelqu'un.

Et c'était très bien comme ça. J'avais fait quelques recherches sur le genre d'hommes disponibles, et ce n'était pas prometteur. Surtout lorsqu'on en venait aux hommes mûrs. En effet, contrairement aux toy-boys, bon nombre d'entre eux pensaient que les femmes de plus de cinquante ans n'étaient pas attirantes. Et il était si facile pour eux de trouver des femmes non seulement beaucoup plus jeunes, mais aussi désireuses de se lancer de nouveau avec eux dans le cycle reproductif de la vie.

Le célibataire tout chaud

Voyons, par exemple, le cas du célibataire tout chaud. Contrairement aux hommes qui initient une procédure de divorce en ayant souvent d'autres liens amoureux en vue, le célibataire tout chaud se trouve seul sans l'avoir voulu. Il se peut qu'il soit veuf depuis peu, ou bien que sa femme soit tombée amoureuse d'un autre ou l'ait trompé. Elle peut simplement avoir découvert qu'elle s'ennuyait avec lui et ne comptait pas passer un jour de plus, et encore moins trente ans, à l'écouter ressasser les mêmes vieilles blagues. Dans tous les cas, il est célibataire ou sur le point de l'être. Il ne va pas le rester longtemps.

Parce qu'il n'a aucun défaut évident, ce célibataire tout chaud. Au contraire, il a peut-être trop de qualités. C'est ce que Kitty a découvert quand elle a retrouvé Harold à un vernissage d'art contemporain.

Elle ne l'avait pas vu depuis des années, mais elle l'a reconnu tout de suite. Ses cheveux, élégamment coupés, viraient maintenant au poivre et sel, mais son visage avait à peine vieilli. Et il occupait toujours une position en vue dans le monde de l'art. Lorsqu'il a mentionné qu'il était en instance de divorce, Kitty n'en a pas cru ses oreilles : quelle chance ! Elle avait eu un petit coup de cœur pour lui des années plus tôt, quand ils se côtoyaient dans le même cercle d'amis, mais ils s'étaient perdus de vue depuis. Et voilà qu'ils étaient de nouveau réunis.

Cette fois, c'était pour se montrer mutuellement les photos de leurs enfants. La fille de Kitty était mariée et avait largement dépassé la trentaine mais celle de Harold était encore une enfant, une ravissante fillette de dix ans nommée Agnes. Kitty a senti se réveiller sa fibre maternelle. Ça ne la dérangerait pas du tout de s'occuper de cette enfant superbe, visiblement pleine de personnalité.

Lorsqu'ils ont quitté ensemble le vernissage pour prendre un verre, Kitty s'est demandé si la chance n'allait pas enfin lui sourire.

Harold semblait plus qu'intéressé. Au bar, il lui effleurait sans cesse la main du bout des doigts et, au moment de se dire bonne nuit, il a déposé un baiser sur ses lèvres.

Cette nuit-là, dans son lit, Kitty s'est mise à rêver

tout éveillée. Dans son rêve, Harold et elle tombaient amoureux, se mariaient, et ainsi Kitty échappait aux périls de la crise de la cinquantaine. Pourquoi ne serait-elle pas enfin chanceuse, elle aussi ? Pourquoi ne serait-elle pas celle qui mène sa barque dans les eaux troubles des relations amoureuses des plus de cinquante ans, jusqu'à se glisser tout naturellement dans une nouvelle relation, bien plus satisfaisante que la précédente ?

Kitty n'a plus jamais eu de nouvelles d'Harold, bien qu'elle lui ait téléphoné deux fois et envoyé trois messages. Six mois plus tard, elle l'a retrouvé dans un autre vernissage. Mais cette fois, avec une femme. Elle aussi avait une coupe de cheveux élégante, mais elle paraissait très jeune et n'avait pas une ride. Kitty ne lui donnait pas plus de vingt-cinq ans.

Elle n'a pas pu s'empêcher de leur demander :

– Et comment vous connaissez-vous, tous les deux ? Vous êtes parents ?

Harold, voulait-elle suggérer, était peut-être l'oncle de la jeune femme.

Celle-ci lui a jeté un regard de dédain.

– Nous sommes fiancés, a-t-elle répondu.

Et elle lui a tourné le dos. Harold a rassuré Kitty : l'impair n'était pas grave. Si sa fiancée paraissait vingt-cinq ans, elle en avait en réalité quarante. Et avec un sourire radieux, il a annoncé à Kitty qu'il allait bientôt être à nouveau père.

Voilà précisément le problème du célibataire tout chaud. Certes, il a votre âge et vous êtes une femme géniale, mais en moins de temps qu'il ne vous en faut pour vous faire un brushing, il a déjà trouvé une nouvelle partenaire et fondé une nouvelle famille.

Celui qui a l'âge de votre père

Comme les probabilités de séduire ces célibataires tout chauds sont faibles, certaines femmes essaient de mettre plus de chances de leur côté en cherchant à rencontrer des hommes plus âgés qu'elles de quinze, vingt ou même vingt-cinq ans. Soit, si vous êtes de ma génération, des hommes de soixante-dix ans, soixante-quinze ? Quatre-vingts ans ?

On pourrait penser que les hommes de cette tranche d'âge ne sont pas nombreux à chercher des partenaires, mais si on réfléchit à la courbe démographique et à tous ces baby-boomers atteignant aujourd'hui leurs dernières années, il est logique qu'on trouve un large groupe de septuagénaires et d'octogénaires qui se conduisent encore comme s'ils avaient trente-cinq ans.

J'ai rencontré l'un d'eux à une fête chez un couple d'amis d'une soixantaine d'années. Il y avait beaucoup de femmes autour de la cinquantaine et deux ou trois séducteurs seniors : ces hommes célibataires assez fortunés pour ajouter leurs moyens financiers à la liste de leurs qualités et qui poursuivent leur belle carrière, mais de façon moins soutenue. À un moment de la soirée, j'ai dû discuter avec l'un d'eux parce que, quelques jours plus tard, Ron, mon hôte, m'a appelée pour me dire qu'un certain Arnold souhaitait m'inviter à dîner.

Ron en était tout émoustillé. Et impressionné. Il m'a expliqué qu'Arnold était un homme important et qu'il l'admirait énormément. Ancien joueur de football pour sa prestigieuse université de la côte Est, il était devenu un magnat de l'industrie pétrolière puis de la presse. Toutes les mondaines de Park Avenue l'invitaient à leurs dîners. Il était très recherché.

J'étais presque sûre de me souvenir de l'homme en question, un grand trapu à l'air martial, et surtout vieux – trop vieux pour moi, avais-je conclu.

– Quel âge a-t-il ? ai-je demandé.

– Il est un petit peu plus âgé que moi. Soixante-huit ans, peut-être ?

Ces hommes-là ont tendance à mentir sur leur âge. Ils racontent n'importe quoi, comme si Internet, ce grand révélateur de vérité, n'existait pas. Ce n'était pas très malin : en cherchant un peu sur Google, j'ai vu qu'Arnold avait soixante-quinze ans.

Il était plus proche de l'âge de mon père que du mien. Mon père avait quatre-vingt-trois ans, Arnold seulement huit ans de moins. La ressemblance s'arrêtait là. Mon père est très traditionaliste, Arnold ne semblait pas l'être du tout. D'après Ron, c'était au contraire un fêtard invétéré, un ancien pilier du Studio 54, la sulfureuse boîte de nuit new-yorkaise. Encore aujourd'hui, Arnold avait tendance à collectionner les fiancées plus jeunes que lui. La dernière en date avait trente-cinq ans.

– Je ne sais pas comment il fait, a conclu Ron.

J'avais envie de lui répondre que ça ne me tentait pas de le découvrir.

J'ai donc essayé de refuser. Subir la pression de mes

pairs, ce n'était pas une chose à laquelle je m'attendais à mon âge mais, en ce qui concernait les rencontres, cette pression était très forte.

Mes amies m'ont toutes rappelé que ça faisait du bien de sortir, et que c'était plaisant qu'un homme s'intéresse à moi. Depuis quand n'était-ce pas arrivé ? Bien sûr qu'il fallait y aller. Quel mal pouvait-il y avoir à ça ? Et par ailleurs, on ne savait jamais.

Évidemment, le problème des « on ne sait jamais », c'est que bien souvent, on sait.

Je savais – en tout cas j'étais sûre de savoir – que je n'allais pas me lancer dans une relation avec un homme de soixante-quinze ans, même merveilleux. Et s'il faisait une chute ? Je n'avais pas travaillé dur toute ma vie pour passer mes dernières années à m'occuper d'un vieillard inconnu, ou presque.

Mais chaque fois que j'essayais d'expliquer mon point de vue, j'avais l'impression d'être intolérante, désabusée et de faire de la ségrégation envers les personnes âgées.

Parce qu'au fond, je n'avais aucune idée de ce qui pouvait se passer. Et si je tombais amoureuse ? Dans ce cas, son âge n'aurait plus aucune importance, pas vrai ? Et puis je n'avais pas non plus envie d'être cette femme-*là*, une créature superficielle et pragmatique, totalement insensible aux illusions de l'amour.

Et Ron m'avait rappelé que je devais être flattée qu'un homme aussi puissant qu'Arnold manifeste l'envie de passer du temps en ma compagnie.

Pour me préparer au rendez-vous, je suis allée chez Sassy examiner les photos d'Arnold disponibles sur Internet. Trente ans plus tôt, il avait été costaud et assez beau.

– Oh, ma chérie, s'est écriée mon amie. Si ça se trouve, c'est un homme merveilleux ! Il faut garder l'esprit ouvert.

Nous avons donc négocié les conditions du rendez-vous. Nous aurions pu aller dans un restaurant près de chez moi, mais Arnold tenait beaucoup à me montrer sa maison, qui se trouvait dans une petite ville voisine, à quinze minutes en voiture. Il pouvait venir me chercher et m'emmener chez lui, et je pouvais toujours y passer la nuit si nécessaire, il me reconduirait le lendemain matin.

Passer la nuit ? Chez un inconnu de soixante-quinze ans ?

Merci bien.

J'ai fini par obtenir de prendre ma voiture jusque chez lui. Nous irions à son restaurant à pied et je rentrerais chez moi après le dîner.

Ou bien je pourrais rester dormir, a-t-il encore suggéré très amicalement.

Sassy m'a réprimandée.

– Mais pourquoi tu ne lui as pas dit de venir te chercher ?

– Parce qu'il ne conduit pas la nuit. Ce qui veut dire que si je le laisse venir me chercher, je suis coincée, obligée de suivre son emploi du temps. Au moins, avec ma voiture, je peux m'enfuir si nécessaire.

J'ai aussi demandé que nous nous retrouvions plus tôt qu'il ne l'aurait souhaité, à six heures. Il préférait huit heures, ce qui aurait pu nous entraîner jusqu'à onze heures, mais je ne tenais pas du tout à être encore avec lui à une heure qu'on pouvait considérer comme celle du coucher.

Quand je me suis arrêtée devant chez lui, il m'attendait dehors. J'ai trouvé ça gentil, mais il voulait seulement m'expliquer où me garer pour m'éviter la fourrière, ce qui aurait dérangé les voisins.

Nous sommes entrés dans la maison. Arnold a fermé la porte à clé derrière moi.

J'ai espéré qu'il n'était pas un tueur psychopathe.

Je pensais à la remarque d'Emma à propos des hommes rencontrés en ligne : « Pourvu que ce ne soit pas un tueur psychopathe. » C'était extraordinaire de voir à quel point cette peur était permanente à toutes les époques, quels que soient l'âge des partenaires ou la façon de se rencontrer.

Si Arnold était un égorgeur, cela dit, il aurait été vraiment stupide de m'assassiner : tout le monde était au courant de notre rendez-vous. Il aurait été le premier suspect.

J'ai pris une longue inspiration en me rappelant d'être aimable.

Je ne me sentais pas d'humeur à l'être. J'étais mal à l'aise, prête à dégainer, furieuse de m'être mise dans une telle situation, même s'il ne s'agissait que d'un simple dîner, trois heures au plus... Mais qu'est-ce qui ne tournait pas rond chez moi ?

J'ai pensé au point de vue de Ron, qui était celui de la société en général : je devrais être flattée d'avoir été invitée par un homme tel qu'Arnold.

J'ai donc fait ce qu'on fait dans ces cas-là : j'ai admiré sa collection d'art contemporain, qui datait de l'époque où, propriétaire d'une galerie, il avait fréquenté des artistes. J'ai poussé des soupirs d'extase devant sa bibliothèque de livres rares. Quand il m'a proposé de faire le tour de la maison, j'ai accepté. Les pièces étaient modernes et masculines, avec beaucoup de fenêtres, tout en verre et acier. Aucun désordre. Chaque chose était à sa place, une place qui avait été choisie depuis bien longtemps.

Malgré son aspect spacieux, l'ensemble n'était pas très grand et nous en avons vite fait le tour. En quelques secondes, nous étions dans sa chambre.

Une large baie vitrée donnait sur des jardins et sur une vaste pelouse. J'ai admiré la vue.

Mais la vue, selon Arnold, n'était pas ce qu'il y avait de mieux dans la pièce. Voulais-je savoir ce que c'était ?

– Bien sûr, ai-je vaillamment répondu.

Il a souri.

– C'est le lit. Je l'ai depuis vingt ans, a-t-il dit d'un ton fier. Et il m'a toujours porté chance. Il s'en est passé des choses, dans ce lit ! Et j'espère bien qu'il s'en passera encore, a-t-il conclu après une pause au cours de laquelle il m'a regardée fixement.

J'ai jeté un coup d'œil sur le lit. Les draps étaient un peu chiffonnés, et je n'ai pas pu m'empêcher de me demander si Arnold ne s'était pas fait un petit plaisir avant mon arrivée. Je l'ai imaginé nu sur le lit, avec son gros ventre blanc tout mou.

– Eh bien, bravo ! ai-je dit, et j'ai ajouté que je boirais bien quelque chose.

Une bouteille de vin rouge ouverte et deux verres attendaient sur le comptoir de la cuisine. La pièce avait cet air poussiéreux que prennent toutes les cuisines qui ne servent jamais.

J'ai commencé par m'excuser en expliquant que je ne buvais pas de vin rouge, seulement du blanc ou du rosé.

– Mais Ron m'a dit que vous buviez du vin rouge. Je lui ai posé la question et je suis allé spécialement acheter une bonne bouteille.

J'étais tentée de lui faire remarquer que Ron ne connaissait rien de moi et qu'il était illogique de lui poser la question, mais je n'en ai rien fait, bien entendu. J'ai essayé de négocier.

– Je préfère du blanc si vous en avez.

– Vous êtes sûre que vous ne voulez pas goûter le rouge ? C'est une bonne bouteille. Et vous pouvez boire, vous aurez toujours la possibilité de passer la nuit ici, ne vous inquiétez pas.

– Hahaha.

Mon rire sarcastique cachait une bouffée de colère. J'ai pensé trouver une excuse quelconque afin de m'en aller, mais rien ne m'est venu à l'esprit pour justifier un départ précipité. J'aurais eu l'air d'une folle et je risquais de créer un tollé général chez tous ceux qui avaient applaudi à l'idée de dîner.

En d'autres termes, je n'étais pas encore prête à me laisser ostraciser pour me libérer d'Arnold.

Il m'a montré sa piscine. Petite, en forme de haricot.

– Vous voulez nager ?

– Non, merci.

– Et pourquoi pas ?

– Je n'ai pas mon maillot de bain.

– Vous n'en avez pas besoin. Vous pouvez nager nue.

– Sans façon.

– Enfin, vous pourrez revenir, n'importe quel jour où vous aurez envie de nager…

Son sourire débordant de générosité indiquait qu'il ne voyait pas, mais pas du tout, à quel point j'étais furieuse et mal à l'aise. J'ai soupiré.

– Arnold, je ne vais pas venir nager dans votre piscine.

– Mais pourquoi ?

– Elle est trop petite. J'aime bien faire des longueurs. Désolée, mais votre piscine, c'est une baignoire.

Arnold a éclaté d'un rire suggestif. Ce qui est bien avec des hommes dans son genre, c'est que vous pouvez leur dire tout ce que vous voulez, ils ne se sentiront jamais attaqués. Ils sont si arrogants et sûrs d'eux que ça ne leur traverserait jamais l'esprit qu'*une femme puisse les insulter*.

Nous avons marché, lentement, jusqu'au restaurant. Nous étions passés au tutoiement.

– Tu parais jeune et alerte, m'a dit Arnold. Tu dois faire pas mal d'exercice. Quel âge as-tu ?

– J'aurai bientôt soixante ans.

Arnold a eu l'air médusé.

Apparemment, Ron avait menti, non seulement à propos de l'âge d'Arnold, mais aussi du mien. La différence, c'était que je savais faire quelques recherches, et pas Arnold.

– Eh bien, c'est parfait, a-t-il repris. Nous en sommes tous les deux au même point. Nous recherchons de la compagnie.

De toutes les micro- et macro-agressions de l'âge, la

L'EXPÉRIENCE DU NOUVEAU JULES

pire, c'est de découvrir que vous avez passé un certain cap : vous ne désirez plus vivre *une histoire d'amour*, avec tout ce qu'elle implique, vous vous rabattez sur son parent pauvre : *se trouver de la compagnie.*

Une histoire, c'est un partenariat dynamique où deux personnes s'engagent pour réaliser quelque chose en commun. La compagnie, c'est plutôt le contraire : vous allez simplement vous tenir chaud pour ne rien faire.

Bien entendu, les hommes comme Arnold n'ont pas à se contenter du parent pauvre.

Après avoir vécu tant d'années à collectionner les jolies filles – il pouvait encore séduire des femmes de vingt-cinq ans, m'a-t-il expliqué –, il avait eu une révélation. Sa compagne était âgée de trente-cinq ans et tout se passait au mieux entre eux lorsque l'évidence l'avait frappé : il n'avait rien à lui dire. Ce n'était pas un hasard. Il ne trouvait plus rien à dire à toutes les femmes de moins de trente-cinq ans. Elles étaient trop jeunes. À contrecœur, il avait donc adapté ses exigences et modifié les groupes d'âge qui l'intéressaient : il acceptait de rencontrer des femmes de trente-cinq ans et pouvait aller jusqu'à cinquante ans.

Je l'ai scruté longuement. Certains hommes font plus jeunes que leur âge, et un homme peut être très séduisant à soixante-quinze ans, mais ce n'était pas son cas. Ses jours de gloire, dans l'équipe de football de son université prestigieuse, étaient très loin derrière lui. Il était impossible de l'imaginer possédant le moindre attrait sexuel. D'un autre côté, la société, qui est de connivence avec les hommes, les persuade qu'ils sont un peu plus attirants qu'ils ne le sont en réalité, alors qu'elle fait croire aux femmes qu'elles le sont un peu moins.

Mais moi, je n'étais pas la société.

– Écoute, Arnold, tu ne peux quand même pas croire que ces femmes de vingt-cinq ou trente-cinq ou même quarante-cinq ans avec qui tu me dis coucher sont attirées par ton sex-appeal.

Arnold a réfléchi, et bizarrement, il a acquiescé. Même si les femmes n'étaient pas vraiment séduites, a-t-il expliqué, le système penchait quand même en sa faveur. Et la raison, c'était que les femmes étaient cupides.

D'après lui, le monde regorgeait de femmes qui travaillaient dans l'immobilier, la coiffure ou qui étaient profs de yoga. Beaucoup avaient des enfants et des ex-maris qui ne payaient pas la pension alimentaire ou étaient alcooliques – toute la panoplie de la souffrance humaine –, et même si ces femmes s'en sortaient, elles désiraient beaucoup plus. Elles voulaient un style de vie luxueux. Un style de vie dont elles n'avaient pas les moyens.

Elles voulaient des sacs à main hors de prix !

Et c'est là qu'Arnold et ceux de son espèce entraient en jeu.

On aurait pu penser qu'au terme d'une vie accomplie, Arnold serait capable de plus de compassion pour ces femmes en difficulté, mais pas du tout. Quand il pensait aux femmes, quand il les décrivait, il ne voyait que de futiles collectionneuses de sacs à main pour qui le sexe était un moyen de se payer leurs addictions.

Et ça ne l'ennuyait pas d'être « utilisé », lui aussi ? Pas le moins du monde.

Les hommes, m'a expliqué Arnold, ne veulent pas savoir pourquoi une femme couche avec eux, pourvu qu'elle le fasse. De plus, m'a-t-il rappelé, le pouvoir est entre leurs mains puisque, si une femme ne satisfait pas leurs exigences, il s'en trouvera toujours une autre pour le faire. C'est un scénario classique : un homme riche gardera son emprise même à un âge avancé, aussi longtemps qu'il pourra fournir l'objet de leur désir à des femmes « cupides ». Un sac à main de luxe, par exemple.

Et si le monde était différent ? Si la source de revenus allait dans l'autre sens, non plus vers Arnold, mais vers ces femmes avec enfants financièrement limitées ? Si ces femmes-là n'avaient plus besoin d'hommes comme Arnold, pour quelque raison que ce soit ?

Alors qu'arriverait-il à Arnold ?

Je suis allée chez Sassy pour lui raconter ma soirée en détail. Nous sommes tombées d'accord : c'était toujours, toujours la même histoire. On pouvait croire qu'un homme allait se montrer intéressant, nous surprendre par une profondeur inattendue, mais il se révélait comme les autres, un gros lourdaud sexiste qui ne pensait qu'à ça. C'est la raison pour laquelle Sassy ne s'était jamais décidée à se marier, m'a-t-elle rappelé. Elle vivait des histoires plus ou moins longues jusqu'au jour où, brusquement, un élan de sauvagerie et d'indépendance montait en elle et elle se demandait : Pourquoi ?

– J'ai fini par comprendre qu'il était impossible d'avoir un partenaire dans la vie parce que les relations entre hommes et femmes sont sexistes par nature. Il faut que tu sois la maman, la gardienne du foyer, et quand ils ont envie de faire l'amour, il faut que tu en aies envie aussi. Au bout d'un moment, je finissais par me demander : pourquoi je fais tout ça pour toi et qu'est-ce que j'y gagne ?

Et la voilà, la question que les femmes sont censées ne jamais poser au sujet des relations amoureuses : Qu'est-ce que j'y gagne ?

Car qui ça intéresse ? Qui ça intéresse de savoir quel avantage une femme tire d'une relation, du moment que quelqu'un tire avantage d'elle ?

Arrivées à ce point de la discussion, nous avons fait ce que nous faisons toujours quand nous tombons sur les réalités insurmontables de l'existence.

Nous avons éclaté de rire.

Le conjoint enfant

Celui-ci est un autre genre d'homme qui se trouve soudain libre et disponible. Comme le célibataire tout chaud, il n'a pas choisi de divorcer. Mais contrairement à lui, qui est séduisant, le conjoint enfant n'est pas séduisant du tout.

En général, il fait même plutôt pitié. Et ce n'est peut-être pas étonnant. Cet homme, c'est celui à qui les femmes font référence quand elles font des commentaires du genre : « J'ai trois enfants : deux vrais enfants et mon mari. »

Comme dans la plupart des unions, le mariage du conjoint enfant débute avec les meilleures intentions du monde. C'est l'alliance contemporaine de deux partenaires qui travaillent et décident de tout partager à égalité. Mais quelque part en chemin, souvent après le deuxième enfant, tout part en vrille. Même si la femme continue de travailler, et c'est très souvent le cas, toutes les responsabilités de la maison et des enfants retombent sur elle. Quand elle demande un coup de main à son mari, il fait la tête ou se fâche, ou elle doit lui donner tellement d'instructions que le travail est plus vite fait si elle s'en charge elle-même.

La première pierre est posée sur le mur du ressentiment.

Ce n'est bien sûr pas une raison de divorcer. Si ça l'était, personne ne resterait marié. Le problème du conjoint enfant, c'est que, en dehors de l'aire domestique, c'est un homme absolument charmant. Il s'acquitte de tout ce que font les hommes irréprochables : il travaille, il assiste à toutes les fêtes et réunions scolaires ; il est là – en tout cas physiquement – pour les vacances et les anniversaires. C'est le mari standard.

Mais à la maison, c'est une autre histoire. Ce n'est pas seulement qu'il ne fait pas sa part des tâches ménagères ; c'est que, les années passant, il fait de moins en moins sa part de tout le reste. Il est là sans être présent, intellectuellement, émotionnellement et sexuellement. Il ne prend pas soin de lui, ne fait aucun effort, se laisse aller. Il prend du poids, ce qui aggrave son apnée du sommeil. La nuit, il disparaît sous son appareil de ventilation antironflements.

À la fin, il ne fait même plus semblant.

Pendant ce temps, sa femme, désespérée, passe ses nuits à regarder le plafond en se demandant ce qui a bien pu arriver à son couple, ce qu'elle a fait pour en arriver là et quelles solutions trouver pour remédier à ce désastre.

Si son mari comprend à quel point elle est malheureuse, il préfère l'ignorer. Parce que, même s'il n'est pas nécessairement heureux, sa situation de conjoint enfant lui convient. Comme les enfants, il fait très peu d'efforts, mais obtient la satisfaction de la plupart de ses besoins. Et pour ceux qui ne sont pas satisfaits, il y a toujours la ressource d'Internet.

Ainsi, alors qu'il est présent sans l'être, il n'a pas du tout l'intention de quitter le nid.

Instinctivement, sa femme le sait. Ce qu'elle pressent aussi, c'est que si elle n'agit pas maintenant, si elle ne met pas un terme à ce mariage, elle est condamnée à vieillir avec lui et à dépérir, jusqu'à ce qu'elle soit trop usée et fatiguée pour partir.

Donc, à la maison, pendant que le conjoint enfant disparaît dans son « bureau », un terme inapproprié étant donné qu'il n'y a jamais produit le moindre travail, sa femme commence à songer que la vie serait bien plus agréable s'il n'était pas là. Elle saurait comment utiliser la place qu'il prend dans les placards, et le temps libre gagné puisqu'elle n'aurait plus à passer derrière lui.

Tout irait tellement mieux s'il s'en allait pour ne jamais revenir.

Et un jour, apparemment sans signe annonciateur, elle demande le divorce.

Le conjoint enfant est pris au dépourvu ; il se fâche

tout rouge. De son point de vue, il n'a rien à se reprocher. Tout est sa faute à elle. Il y a toutes les chances qu'il se batte âprement pendant la procédure. Peu conciliant à la maison, il le sera aussi peu devant le juge.

Le divorce va s'éterniser, au point que même son avocat dira de lui qu'il a perdu tout bon sens.

Sans personne pour s'occuper de lui, il part à la dérive. Mis à la porte de chez lui sans avoir cherché un nouveau logis, il n'est pas inhabituel que le conjoint enfant se retrouve chez sa mère et qu'il se mette à boire.

En gros, il traverse une version masculine de la CFC.

La bonne nouvelle, c'est qu'il n'est pas une cause perdue. Vivant chez sa mère, voyant un week-end sur deux le regard désillusionné de ses enfants maintenant ados, il prend conscience qu'il ne veut pas finir en loser. Alors il se ressaisit. Il se met au sport. Il trouve un nouveau job, un appartement, il apprend à faire ses courses et sa lessive. Ainsi remis sur les rails, il est prêt à s'élancer dans le flot des nouvelles rencontres. Et il n'est pas impossible qu'il devienne, non plus l'ex-mari d'une femme, mais le Nouveau Jules d'une autre.

Le phénomène du Nouveau Jules

C'était le week-end de la fête nationale, le 4-Juillet. Chez Kitty, nous parlions de notre programme pour l'été.

Le mien était, comme d'habitude, peu admirable : fréquenter les soirées des maisons les plus luxueuses et boire du champagne gratos.

Et comme par magie, un message de Max est arrivé.

Il avait décidé de prendre l'avion depuis l'Espagne pour assister à la fête d'anniversaire de l'un de ses amis, prince des start-up et milliardaire, à East Hampton. Est-ce que ça me dirait de l'accompagner ?

Le lendemain après-midi, avant de sortir, j'ai pris soin de me présenter sous mon meilleur jour. Fallait-il y voir un signe que je n'étais plus allergique à l'idée de rencontrer quelqu'un ? Cette soirée, contrairement au jardin de Kitty, pouvait offrir le cadre adéquat.

Ou pas.

Max est arrivé en retard et, en montant dans ma voiture, il m'a informée qu'il avait l'intention de prendre une drogue à base de kétamine, appelée Special K, pour faire l'expérience d'un K-hole, sorte de trou noir hallucinatoire, et que je ferais bien de l'accompagner dans son délire.

— Non. Je ne vais pas prendre un anesthésique pour chevaux, merci.

— C'est juste une petite dose, ma chérie. C'est fantastique. Tu n'as pas besoin de dormir pendant vingt-quatre heures.

— Tu ne vois pas à quel point ça paraît horrible, ce que tu décris là ?

— Mais enfin, qu'est-ce qui t'arrive ? Tu étais plus marrante, autrefois.

Quand mes amis me demandent pourquoi je n'ai jamais cherché à recommencer avec Max, ils ont la réponse ici. Je ne pouvais pas sillonner le monde de festival Burning Man en fête d'anniversaire pour milliardaires, ni disparaître dans un trou noir de kétamine. Ce n'était pas le genre de vie que je voulais.

Sur le chemin entre l'allée et la maison de notre hôte, trois cents mètres au moins, nous avons été arrêtés trois fois, par trois groupes de vigiles différents. Ils ont tous vérifié nos noms sur leur liste et examiné l'intérieur de la voiture à la lampe de poche, pour être sûrs que nous ne cachions pas des gens qui n'étaient pas invités. L'un d'eux a même exigé d'ouvrir le coffre, et je me suis un peu énervée.

– Vous ne trouvez pas que ça suffit, là ? On est des quinquagénaires, quand même. Est-ce qu'on a l'air de cacher des clandestins dans notre voiture ?

Le garde a braqué le faisceau de sa lampe sur moi.

– Vous seriez étonnée si je vous disais tout ce que j'ai vu faire par des gens de votre âge.

La soirée battait déjà son plein à l'arrière de la maison, sur une vaste terrasse décorée d'hologrammes et de lampes en forme de licornes. Le foyer en marbre était encadré par deux bars hawaïens, et on avait dressé les tables pour le dîner sur le grand patio. Des traiteurs en rangs d'oignons travaillaient sous une tente. À l'arrière-plan scintillait une piscine olympique avec son bar couvert, le tout entouré de haies de dix mètres de haut.

Max a tout de suite été entouré par un groupe de *burners*, ses copains des festivals Burning Man, tous costumés comme une troupe de cirque. Je ne m'attendais pas, pour une raison ou une autre, à les trouver si jeunes. J'ai vite compris que ma perspective était faussée : je n'avais pas fréquenté de trentenaires depuis si longtemps que j'avais oublié à quel point ils paraissaient juvéniles.

Et à quel point ils étaient entreprenants et enthousiastes. À propos de tout.

Il allait vite me falloir une coupe de champagne pour me mettre au diapason.

J'ai commencé à me frayer un chemin dans la foule. Encore et toujours des trentenaires ! Mais cette fois, ils n'avaient plus rien de commun avec les *burners*. Ceux-là étaient super sérieux : vêtus de chemises impeccables et de blazers bleus, originaires du Midwest, mariés avec enfants, et conservateurs jusqu'au bout des ongles.

Je me suis demandé quelle direction prendre. Vers le foyer, où les invités costumés marchaient au Special K ? Ou vers les couples sages, aux visages lisses si emplis de certitudes ?

Tout à coup, j'ai ressenti, comme je ne l'avais encore jamais ressenti, le sentiment que je n'étais pas à ma place. Et que j'étais seule. Très, très seule.

Et c'est à cet instant que je l'ai vu.

Ce Mec.

Ce Mec. J'étais incapable de me rappeler son nom, mais je me souvenais de plusieurs détails à propos de lui. Par exemple, qu'il avait toujours éveillé ma curiosité. Il était très grand et assez réservé.

Les gens disaient de lui qu'il était brillant. Quelques années plus tôt, Kitty m'avait emmenée à une soirée chez lui. Il m'avait fait visiter sa maison et s'était adressé à moi comme à une vraie personne. Mais Kitty m'avait prévenue : il ne sortait qu'avec des femmes très grandes et très belles, originaires des pays scandinaves.

Et voilà qu'il était là, dans la lumière chaude de la

maison. Il avait dû me reconnaître, parce qu'il souriait. Ce soir-là, pour une raison inconnue, il était très content de me voir. Était-ce sincère, ou est-ce que, comme moi, il ne connaissait personne d'autre ?

Aucune importance. Nous avons commencé à bavarder avec enthousiasme. De ce que nous faisions cet été, où nous habitions. Du dîner chez les F. Scott où nous avons découvert que nous étions tous les deux invités le lendemain.

Cette coïncidence avait l'air de lui faire plaisir. Il a demandé à quelqu'un de prendre une photo de nous deux, et il l'a envoyée aux Scott, avec un mot disant que nous serions heureux de les retrouver chez eux.

J'ai gémi quand il m'a montré la photo. En partant de chez moi, j'avais eu l'illusion que j'étais plutôt sexy. Ce n'était pas vrai. J'avais besoin d'une coupe de cheveux. J'étais, comme l'a déclaré Kitty un peu plus tard, « insipide ».

Comme j'étais sûre de le revoir le lendemain, je lui ai demandé de m'excuser et je me suis dirigée vers le bar. À nouveau, j'ai été frappée par le sentiment que je ne connaissais personne. J'étais même certaine de ne pas avoir d'amis en commun avec les autres invités.

Il s'est matérialisé près de moi.

– Je peux t'apporter une coupe de champagne ?

Sa voix basse et profonde avait la qualité d'une voix de journaliste radio d'autrefois.

– Merci, oui, mais tu n'as pas besoin de faire ça pour moi.

– Je pense que si, a-t-il répondu avec son plus beau sourire.

À partir de cet instant, Mon Nouveau Jules ne m'a plus quittée de la soirée. Il a gardé mon verre pendant que je faisais la queue au buffet, il a veillé sur mes couverts, nous a trouvé une place à table à côté du milliardaire qui nous avait invités. Originaire de Chicago, notre hôte était entouré de ses deux filles étudiantes, qui nous ont ensuite fait visiter la maison. Elle comportait quinze chambres et était équipée comme un hôtel de luxe. Il y avait une grande salle de sport avec sauna et hammam, une salle de massage et de soins, une cabine de maquillage et de coiffure, et une salle de *home cinema* pouvant accueillir une centaine de personnes. La cuisine avait un chef spécialisé en pâtisseries et glaces.

C'est ce qui me fait rire chez les gens riches. Ils peuvent tout avoir, mais ce qu'ils veulent, comme tout un chacun, c'est une bonne glace.

Une pièce était aménagée en discothèque. Nous avons dansé, MNJ et moi. Il était plutôt bon danseur. Il avait entendu parler d'une autre soirée, près de chez moi, et nous avons décidé d'y aller. Il fallait d'abord que je trouve Max pour le prévenir que je partais.

Nous l'avons découvert à quatre pattes sur la pelouse. Il se prenait pour un chien.

– Caresse-moi. Caresse-moi ! braillait-il.

– Max !

J'ai essayé de le présenter à MNJ, mais il n'y avait rien à faire. Max a commencé à hurler à la lune.

J'ai laissé tomber.

– Ça va aller ? m'a demandé MNJ. On devrait peut-être faire quelque chose ?

– Ça ira très bien. Il est tombé dans un trou noir. Apparemment, ça lui arrive tout le temps.

– Je ne comprends pas. C'était vraiment un de tes amoureux ?

– Oh, il y a de ça... quinze, vingt ans ? ai-je dit en calculant très vite. Il était différent, à l'époque.

MNJ avait une voiture avec chauffeur. En route vers la soirée suivante, on s'est roulé des pelles. Il embrassait bien, et il me donnait l'impression que, moi aussi, j'embrassais bien. Comme je n'avais pas eu l'occasion de le faire depuis longtemps, ça m'a rendu espoir.

Plus tard, lorsqu'il m'a déposée à ma porte, il a dit une chose étrange :

– Tu me plais vraiment. J'ai des intuitions à propos des gens et je me trompe rarement. Je pense que toi et moi, on pourrait être vraiment bien ensemble.

Je l'ai repoussé gentiment.

– Ha ! Mais c'est n'importe quoi ! Tu ne me connais même pas !

En allant me coucher, j'ai songé que, peut-être, je n'étais pas complètement hors-jeu dans le domaine des relations amoureuses.

Le lendemain, en me réveillant, j'ai trouvé un texto de MNJ : il espérait que j'avais passé une bonne nuit, et il me précisait les détails du service de voiture avec chauffeur qu'il avait retenu pour moi, de façon à m'éviter d'avoir à conduire jusque chez les Scott pour la soirée. C'était un rien gênant. On venait à peine de se rencontrer, et il m'envoyait déjà une voiture.

Je suis allée voir Kitty.

– Tu ne vas jamais croire ce qui m'est arrivé. J'ai embrassé ce Mec.

– Qui ?

– Tu le connais. C'est ce Mec.

– Sérieux ?

Kitty était stupéfaite, et puis elle a éclaté de rire.

– Tu es sortie avec ce Mec ?

– Mais qu'est-ce que ça a de drôle ?

– Toi avec lui ! Jamais je ne vous aurais imaginés ensemble, jamais de la vie !

– On s'est croisés à une soirée et on est sortis ensemble. Et il m'a raccompagnée chez moi. Et il m'envoie une voiture pour aller chez les Scott.

– Ah, parfait ! Comme ça, j'irai avec toi.

J'avais oublié que Kitty aussi était invitée chez les Scott.

– Pas possible. J'ai le truc à la bibliothèque avant.

Le truc à la bibliothèque, c'était une table ronde avec Erica Jong et Gail Sheehy, l'une des rencontres mensuelles organisées par la bibliothèque de Bridgehampton. Au départ, le titre était Trois Femmes Écrivains, mais Erica avait trouvé ça sexiste et la rencontre avait été rebaptisée Trois Écrivaines. Je n'en avais parlé à aucun de mes amis parce que la soirée s'annonçait froide et pluvieuse, que nous serions dehors et que le public était essentiellement composé de seniors cultivés. Mais j'avais fait l'erreur d'en parler à MNJ et il avait décidé de venir.

Il avait même échafaudé un plan complexe : la voiture qui viendrait me chercher me conduirait à Bridgehampton avant d'aller le prendre à Southampton pour le ramener à Bridgehampton où il pourrait me retrouver. Ensuite, nous traverserions la rue pour prendre Marilyn et sa sœur, et nous irions tous ensemble à Water Mill pour le dîner des Scott.

Je ne voyais pas comment Kitty pouvait s'intégrer dans ce projet.

– Tu rentreras avec nous, d'accord ?

La rencontre à la bibliothèque a été aussi décevante que prévu. La température avait encore chuté, et comme aucune d'entre nous n'était assez chaudement habillée, nous étions toutes enveloppées dans différents manteaux et écharpes que les membres du public nous avaient prêtés.

MNJ est arrivé vers la fin. Il se voyait de loin, pas seulement en raison de sa taille, mais parce qu'il était l'un des rares hommes présents. Quand il a fait son apparition, la conversation avait dérivé vers le sujet iné-vitable : les hommes, à quel point ils sont nuls, enfin pas tous.

Pendant que je soulignais ce « pas tous » en ajoutant : « mais il y en a quand même des bien », j'ai vu MNJ se faire aborder par ce qu'on décrirait comme une petite dame d'un âge avancé. Elle s'est tournée vers lui, sur-prise.

– Vous avez l'air d'un homme gentil et bienveillant. Qu'est-ce que vous faites ici ?

Il s'est mis à rire.

– Je suis venu pour la voir, a-t-il répondu en me mon-trant du doigt.

Plus tard, pendant le dîner, nous avons raconté cette histoire comme si nous étions déjà un couple.

– Vous auriez pu plus mal tomber, l'un comme l'autre, ont décrété les Scott.

Et c'est ainsi qu'a débuté notre vertigineuse aventure. MNJ était parfait. Il faisait tout ce qu'une femme peut désirer dans une histoire d'amour. Il m'envoyait des fleurs. Il m'a emmenée voir *Hello, Dolly !* et m'a raccompagnée à pied en chantant « Hello, Candace ! ». Il m'a invitée en vacances sur une île. Nous avons partagé des séances de yoga et de massage.

– Je sais que tu n'as pas été gâtée depuis longtemps, et moi je veux le faire, a-t-il déclaré.

– Mais pourquoi ?

– Parce que tu mérites de l'être.

Le matin, je regardais le joli bol de salade de fruits qu'il avait préparé et je me demandais : Mais pourquoi moi ?

– Je ne comprends pas, ai-je confié à Sassy. Comment j'ai pu rencontrer cet homme qui a mon âge, qui est indépendant financièrement, qui a sa maison, qui est adorable... et qui veut être mon amoureux ?

– Ma chérie, a-t-elle dit, tu as travaillé dur, tu t'en es bien sortie, tu le mérites.

C'était possible, mais nous savons bien que ce n'est pas parce qu'une femme mérite quelque chose qu'elle l'obtiendra.

Avais-je vraiment mérité d'être chouchoutée par un homme merveilleux, célibataire et apparemment sans défaut ? Bien sûr. Mais c'est le cas de toutes les femmes. Et combien de fois cela arrive-t-il ? À peu près jamais.

Pourquoi l'univers m'avait-il choisie, moi ?

C'est alors que Marilyn a appelé.

– Je crois que j'ai rencontré quelqu'un, a-t-elle annoncé.

« When I'm Sixty Four »

Comme MNJ et moi, Marilyn et son amoureux ont fait connaissance au cours d'une soirée dans les Hamptons. Et comme nous encore, ils se sont découvert beaucoup d'amis communs, même s'ils ne s'étaient jamais vraiment rencontrés auparavant.

Jusqu'à cette soirée. Où ils sont restés à parler pendant trois heures. Le lendemain, il l'a appelée pour l'inviter à une promenade sur la plage. C'était le coucher de soleil, le ciel était rose. Elle a découvert qu'il habitait près de la mer et qu'il était surfeur.

Il avait aussi un appartement à Brooklyn et une boîte de design de produits écologiques.

Et il avait soixante-quatre ans.

Était-ce trop vieux ? se demandait Marilyn.

Je lui ai fait remarquer que soixante-quatre ans, c'était l'âge de son dernier ex, avec lequel elle avait rompu quelques années plus tôt. Cela signifiait que, même si ça lui paraissait vieux, c'était aujourd'hui l'âge des gens que nous fréquentions autrefois.

Et de toute façon, l'âge n'avait aucune importance. Parce que cet homme avait une qualité rare : il savait écouter. Et il aimait beaucoup Marilyn. Et il était, lui aussi, quelqu'un de bien.

Les hommes altruistes coiffent-ils les autres au poteau ?

Ainsi, après toutes ces années où nous n'avions fréquenté quasiment personne, Marilyn et moi avions un amoureux. Nous n'arrivions pas à y croire. Et nos amies non plus.

Réunies chez Kitty pour faire le point sur ces nouveaux bouleversements, nous avons dressé la liste des qualités du Nouveau Jules :

1. MNJ est un mec bien, et sa réputation le confirme. Il n'y a pas de commérages déshonorants accolés à son nom. Aucune rumeur d'infidélité, personne n'éprouvant le besoin de murmurer « oui, mais c'est un salaud ». Il n'a pas non plus toute une ribambelle d'ex-épouses qui le détestent.

En fait, être quelqu'un de bien, c'est le trait de personnalité numéro un du Nouveau Jules. Et si ce trait n'avait pas tant d'importance quand nous avions vingt ou trente ans, c'est maintenant ce que nous recherchons en tout premier lieu. Quelqu'un de bien vous protège des orages dans un monde qui, finalement, n'est jamais tendre.

2. C'est un adulte. Il a sa vie, son chez-lui. Il sait très bien se débrouiller seul au quotidien : les courses, la vaisselle, la lessive. Il sait aussi se nourrir correctement.

3. Ce n'est ni un alcoolique ni un drogué.

4. Il recherche la compagnie des femmes de son âge.

Prenons Bob, le compagnon de Marilyn. Il a soixante-quatre ans et ça se voit, mais il est dynamique, séduisant et curieux de tout. Il nous a parlé d'une jeune femme de trente-trois ans qui lui courait après. S'il ne répondait pas à ses SMS, elle débarquait chez lui sans prévenir. Il avait été forcé de lui expliquer au moins cinq fois que non, il n'était pas intéressé. Ses attentions étaient flatteuses mais aussi gênantes, d'autant plus que Bob savait très bien à quoi s'en tenir :

– Regardez-moi, nous a-t-il dit. D'accord, je suis plutôt en forme, mais j'ai l'air assez vieux pour être son père. En fait, j'ai l'âge de son père. Alors, c'est quoi, son problème ?

C'est toute la différence entre le MNJ et le célibataire tout chaud. Ce dernier est facilement séduit par une femme plus jeune, qui veut fonder une famille avec lui. Le MNJ n'en est pas au même point dans la vie. Il ne cherche pas à se reproduire. Et les femmes qu'il fréquente non plus.

Prenons Carla, cinquante-cinq ans. Après une carrière brillante à New York, les aléas de la vie l'ont menée ici, dans le Village, où elle est venue vivre seule avec son fils adolescent. Elle a créé sa société, qui est florissante. Elle a tout réussi, du moins en apparence.

Ce que recherche Carla chez un nouveau partenaire est essentiellement défini par ce qu'elle ne recherche pas.

– Je ne veux pas d'un homme qui s'occupe de moi, je ne veux pas d'un homme qui mette un toit au-dessus de ma tête. Et je ne cherche pas à me marier.

Le mariage de Carla, selon ses propres termes, a été une expérience « destructrice » et elle ne souhaite pas la répéter. Mais cela ne veut pas dire qu'elle souhaite rester seule.

– Je veux quelqu'un qui soit mon égal, conclut-elle. Qui porte sa part du fardeau, et qui soit présent sur le plan émotionnel. Parce que j'ai découvert que, dans la vie, nous sommes tous confrontés à des expériences tragiques, et c'est un peu moins dur quand on n'est pas seul pour les surmonter.

Et voilà encore une réalité de la vie amoureuse après cinquante ans : les épreuves vous tombent dessus. Vous fréquentez des gens qui en ont subi et qui risquent d'en subir d'autres alors même que vous commencez à peine à les connaître. L'un de vous va perdre un parent, ou un job, ou encore un ami.

Dans notre cas, c'est à moi que c'est arrivé.

Un cancer au pied du sapin de Noël

Mon père était mourant. Il avait survécu vingt ans à son cancer, mais maintenant la maladie récidivait.

Il m'a appelée. Il avait passé un scanner qui avait fait

apparaître tous les coins et recoins de son corps où le cancer s'était étendu. Les résultats n'étaient pas bons.

– Candy, mon corps s'est illuminé comme un sapin de Noël.

Je lui ai rendu visite. Il nous a conduits en voiture jusqu'au restaurant, celui-là même où aurait lieu le déjeuner après la messe, et avant la cérémonie funèbre au cimetière, lorsque le jour serait venu de l'enterrer. Il avait déjà tout organisé et il voulait m'en parler.

Le maître d'hôtel nous a précédés à notre table, près de la fenêtre. Comme à son habitude, mon père était d'excellente humeur, il était charmant, il blaguait. De l'autre côté de la rue, on voyait l'immeuble où ma mère et sa meilleure amie avaient lancé leur première société, une agence de voyages. Le mercredi, quand les cours finissaient tôt, je restais dans le bus jusqu'à la station suivante pour aller voir ma mère à son bureau. Je me souviens de l'odeur de papier, de peinture fraîche et de tapis neuf, et aussi de la fierté de ma mère et de son amie, jeunes entrepreneuses.

Je regardais mon père, ses mains noueuses, si semblables aux miennes par la forme et l'apparence, en me demandant si j'étais capable de faire ce qu'il me demandait : parler de ses funérailles alors que j'étais moi-même dans la crise de la cinquantaine.

Ces derniers temps, j'avais rencontré des revers en série, selon la vieille formule paternelle. L'état de mes finances était inquiétant, et je me faisais du souci pour mon avenir.

Mais j'avais tout aussi peur que mon père soit au courant de mes soucis. Lui qui avait toujours été si fier de moi. Je ne voulais pas qu'il meure en pensant que, finalement, j'étais une ratée. Je lui ai raconté que j'avais enfin rencontré quelqu'un.

Je lui ai toujours parlé de mes conquêtes. J'allais même plus loin : je les lui présentais. Ce n'était finalement peut-être pas une bonne idée. Mon père affirmait connaître les hommes et la plupart d'entre eux, selon lui, étaient cruellement imparfaits. Un jour, il avait chassé de notre maison – jusque sur la pelouse – l'un des copains de ma sœur parce que c'était un « vaurien qui ne pensait qu'à une seule chose ».

Et pourtant, j'ai continué à inviter mes petits amis chez mon père. Après leur départ, il secouait la tête. « Un fils à sa maman », décrétait-il après le départ de l'un. « Un parfait égoïste », me disait-il à propos d'un autre. « Tu as remarqué que toutes ses phrases commencent par *moi, mon, je* ? » Lorsque la rupture, inévitable, était consommée, il me félicitait toujours de m'être séparée de quelqu'un qui n'était pas assez bien pour moi.

– Eh bien, a dit mon père après ma description de MNJ, il a l'air d'un gentleman. Dis-lui, a-t-il ajouté après un silence, dis-lui que j'aurais vraiment aimé le rencontrer, mais que je crains que ce ne soit pas possible.

Le jour est arrivé. J'ai appelé MNJ.
– Mon père est mort.
Et j'ai pleuré.
– J'arrive tout de suite.
En l'attendant, j'ai pensé que, si j'étais préparée à la mort de mon père, je n'avais pas pensé vivre ce moment

de tristesse très intime avec quelqu'un que je connaissais relativement peu.

MNJ n'avait jamais rencontré mon père, ni le reste de ma famille. Quel était le protocole ?

– Je serai là pour toi exactement comme tu le voudras, m'a-t-il assuré. Tu n'as qu'à me dire ce que tu veux que je fasse, je le ferai.

J'ai pensé à ce qui m'attendait. Les longues heures sur la route. La cérémonie de trois heures, avec le cercueil ouvert. La nuit au Bed & Breakfast, puis la messe, le déjeuner et le cimetière où mon père reposerait auprès de ma mère, de mon oncle, de mes grands-parents et de mon arrière-grand-mère. Il y aurait les amis de toujours, les rares qui restaient, et une poignée de membres de la famille.

Ça ne serait pas une partie de plaisir. Mais, d'un autre côté, ce serait moins douloureux s'il était avec moi. Seulement, le connaissais-je assez pour le lui demander ? Est-ce que je lui faisais assez confiance pour courir le risque ?

Je me suis lancée :

– Tu viendrais avec moi à l'enterrement ?

– J'aimerais beaucoup.

C'était vraiment facile.

L'automne avait été sinistre et les feuilles avaient bruni. Tandis que nous roulions sur la route du Connecticut, MNJ a serré ma main.

– Ça va aller. Rappelle-toi, nous sommes ensemble pour affronter ça.

Et même si je vivais un moment terrible, je me suis

rendu compte qu'il aurait pu être mille fois plus difficile.
J'ai serré sa main en retour.

— Je t'aime, ai-je murmuré.

— Moi aussi, je t'aime.

Bien sûr, nous ne savions pas jusqu'à quel point c'était
vrai. Et si ça l'était, ce que ça signifiait. Qui le sait, en
réalité ? Mais c'était peut-être l'un des aspects positifs
de la maturité : certaines choses ne changent jamais.

9

Les super-seniors

Il y a quand même beaucoup de choses qui changent. À un certain moment de l'âge mûr, les gens se retrouvent divisés en deux catégories : « les super-seniors » et « les autres ».

Les autres sont assez faciles à repérer. Ils sont comme la plupart d'entre nous, qui nous regardons dans le miroir sans nous reconnaître. Ce phénomène de distanciation que chacun, ou presque, éprouve face à son image, est l'un des mystères de la nature humaine et, quels que soient vos efforts, vous avez peu de chances d'y échapper. D'un autre côté, c'est assez démocratique. À la maturité, avec le relâchement des chairs, on ne distingue plus vraiment les femmes qui étaient des beautés à vingt ans de celles qui ne l'étaient pas. De même, il est difficile de croire que ce type chauve qui ressemble à un tubercule était autrefois un irrésistible étalon. Et réciproquement. Lui ne peut pas croire que vous aviez les cheveux longs et un corps qu'on mourait d'envie de voir en bikini. C'est le même syndrome lorsque les vieux amis perdus de vue que vous retrouvez au cours d'une soirée ne vous reconnaissent pas. Heureusement, vous pouvez en général leur rendre la pareille.

Au début, le phénomène de distanciation donne à la vie de tous les jours un air légèrement surréaliste, mais on s'habitue vite. En fait, ça devient le genre de casse-tête à propos duquel nous, les plus de cinquante ans, nous retrouvons pour rire entre nous.

Mais il existe une autre catégorie de seniors, dont quelques rares éléments se perdent dans la masse : ils n'ont « pas pris une ride », « pas changé du tout ». En effet, grâce à une excellente hygiène de vie et à quelques retouches cosmétiques, ils semblent parfois avoir rajeuni.

Ce sont les super-seniors. Ils sont comme avant, mais en mieux.

Prenons Carl, par exemple. Il y a vingt ans, lorsqu'il vivait encore dans le cycle reproductif de la vie, Carl était une épave. Avachi, il souffrait de crises d'anxiété et avait l'énergie d'un pantin monté sur ressort. Aujourd'hui, il est en pleine forme, il déborde de confiance en lui et s'habille chez les stylistes italiens. Il a gardé ses cheveux, ce qui aide. Il conduit un bolide décapotable, et ça lui va bien.

La plupart des amis de Carl, quant à eux, s'ils ont connu leur heure de gloire, ont fait leur temps. Devenus des seniors raisonnables, ils passent leurs matinées chez le médecin et leurs après-midi sur le terrain de golf. Carl est différent. Ayant fondé sa propre entreprise, il est amené à côtoyer de jeunes trentenaires sympas.

Oui, Carl est agaçant, parce que c'est agaçant de l'entendre parler de ces jeunes trentenaires qui n'intéressent personne au-delà de cinquante ans. Mais on ne peut pas s'empêcher de l'admirer.

Parlons maintenant de Victor. Il était avocat d'affaires à huit cents dollars de l'heure jusqu'à son divorce et sa mise à pied. Il a touché le fond, s'est relevé et a compris que sa véritable vocation était d'aider les autres.

Il a obtenu son permis de pilote, acheté un petit avion et, depuis, il se rend dans les endroits du monde touchés par des catastrophes pour y apporter des secours de première nécessité.

Victor est un homme bien.

Et ceci, en fait, est la marque de fabrique des super-seniors : ils cherchent tous à devenir meilleurs, pas seulement physiquement, mais aussi sur les plans spirituel, psychologique et psychique. Ils sont en quête de progrès et de bonheur. Et cette fois, ils sont déterminés à faire les choses bien.

Comme la nouvelle amie de Marilyn, Rebecca.

Il y a dix ans, Rebecca était l'une de ces femmes dont on disait « je ne sais pas comment elle fait ». Et puis la cinquantaine est arrivée. Son mari a perdu son travail, ils ont divorcé, elle aussi a perdu son travail et a traversé la fameuse Crise de Folie de la Cinquantaine : elle s'est mise à boire et s'est lancée dans des aventures avec des types douteux. Un soir, quand un homme sur lequel elle fondait ses espoirs lui a dit qu'il voyait aussi deux autres femmes, elle s'est mise en colère et l'a giflé. Il lui a balancé un coup de poing qui l'a envoyée valser. La police a dû intervenir. Un peu plus tard, Rebecca s'est fait arrêter pour excès de vitesse à proximité d'un établissement scolaire. Ç'a été le signal.

Elle a cessé de boire et s'est mise au sport, d'abord à la boxe parce qu'elle était vraiment en rage. Lentement, sa vie s'est transformée.

Elle s'entraîne maintenant pour un mini-triathlon, et elle a fondé sa boîte d'investissement dédiée aux femmes. Elle a tant de succès qu'elle a pu s'acheter une maison plus grande.

Le changement le plus radical, c'est qu'elle n'est plus furieuse contre elle-même. Lorsqu'elle buvait trop, ou mangeait trop, ou ratait tout ce qu'elle entreprenait, elle se fustigeait continuellement. Maintenant, elle est bien plus heureuse, parce qu'elle n'a plus besoin de ressasser ses échecs.

Rebecca a tellement bien compris la leçon qu'elle vient de rencontrer un autre super-senior nommé Brad.

Comme Rebecca, Brad pratique le sport à l'extrême : qi gong une heure par jour, ski nautique et yoga. Et, comme il appartient à la catégorie des super-seniors, il n'a pas hésité à déclarer sa flamme à Rebecca. Il a pensé qu'elle était la femme de sa vie, et il n'a pas eu peur de s'engager.

Brad voulait même s'installer avec elle, quatre mois seulement après leur rencontre.

Il voulait aussi la présenter à sa famille.

Marilyn et moi étions chez Kitty un après-midi quand Rebecca a fait irruption dans la maison. Brad, en parfait super-senior, avait loué un avion privé pour qu'elle l'accompagne dans le Maine à une réunion dans la propriété familiale.

Nous l'avons toutes félicitée d'avoir une telle chance. Des exclamations comme « c'est merveilleux ! » et « qu'est-ce que tu vas mettre ? » ont fusé dans la cuisine.

– Je ne veux pas y aller, a dit Rebecca.

Elle était furieuse. Pensant faire un geste romantique, il avait tout organisé sans la prévenir, alors qu'elle avait déjà des projets pour le week-end avec des amis. Des projets qu'elle ne voulait pas annuler. Des projets dont Brad aurait dû se souvenir. Pourquoi faire faux bond à ses vieux amis pour aller passer le week-end avec des étrangers ?

Nous lui avons fait remarquer que ce n'étaient pas vraiment des étrangers. C'était la famille de Brad, et donc, peut-être un jour, la sienne.

– Mais ce sont quand même des étrangers ! a répliqué Rebecca.

Le débat a tourné en boucle, toutes les femmes mettant en avant la « relation amoureuse » et regrettant que Rebecca – égoïstement, pensions-nous – n'ait pas envie d'aller dans le Maine. L'égoïsme, on le sait, n'est pas acceptable, surtout lorsqu'un super-senior aux moyens conséquents est concerné.

Finalement, Rebecca s'est rendue à la réunion de famille où elle s'est ennuyée à mourir, mais elle a su prendre son mal en patience.

Deux semaines plus tard, Brad a commencé à emménager chez elle.

Marilyn et moi nous sommes rendues à une soirée chez Rebecca pour fêter Brad, la nouvelle maison et les perspectives qui s'ouvraient pour les seniors dans notre genre. Il n'y avait qu'à regarder les invités autour de nous pour s'en convaincre : ils étaient tous très séduisants et admettaient en riant qu'ils étaient bien plus âgés qu'ils ne le paraissaient. Les hommes avaient des biceps et les femmes ces fessiers et ces cuisses musclés qui ont de l'allure dans un pantalon de yoga. Tous faisaient quelque chose de leur vie, quelque chose d'important, qui avait du sens, et c'est ce qui comptait. Le salon résonnait de rires, tandis que platitudes et joyeux clichés s'échangeaient.

– Quand des personnes magnifiques et en bonne santé se rencontrent, l'âge ne compte plus, a déclaré Rebecca. Nous entrons tous dans un territoire vierge, dénué de règles et où, en amour, tout est possible.

Sauf quand ça ne l'est pas.

Après notre départ, alors que Marilyn et moi étions rentrées chez nous pour profiter d'une bonne nuit de sommeil pour super-senior, Brad a disjoncté et s'est lancé dans son numéro d'imitation d'Elvis Presley. Les choses auraient pu en rester là, mais la fille de Rebecca, âgée de vingt-deux ans, est rentrée au milieu du spectacle. Avant de se précipiter dans sa chambre où elle s'est enfermée à clé, elle a crié à sa mère que cette vision de Brad allait la poursuivre toute sa vie. Rebecca a essayé de la calmer à travers la porte, sans succès. Elle a passé les trois heures suivantes à ranger la maison pendant que Brad restait affalé sur le canapé devant la télévision.

Et même si Brad ne faisait que se conduire comme un homme typique, dans une relation hétérosexuelle typique, Rebecca a décidé qu'elle en avait assez.

Elle a rompu dès le lendemain matin.

Brad a été anéanti. Quand Marilyn l'a rencontré à une réunion, il s'est mis à pleurer en parlant de Rebecca et de l'amour qu'il lui portait. Voilà à quel point ces nouveaux hommes mûrs sont sensibles et merveilleux.

Rebecca était folle d'avoir rompu avec un homme aussi génial et qui avait tout pour lui, a pensé Marilyn.

Quelques mois plus tard, Rebecca a rencontré quelqu'un d'autre. J'ai songé que, peut-être, les rencontres seniors n'étaient pas cette belle expérience que Rebecca avait espérée, mais plutôt la répétition des aventures amoureuses en série de nos jeunes années, entre vingt et trente ans.

Et à quoi cela pouvait-il ressembler ?

J'en ai eu un aperçu lorsqu'un couple de super-seniors s'est invité chez Kitty.

Comme beaucoup de super-seniors, ils avaient tous les deux la soixantaine. On le comprend mieux quand on sait que la Crise de Folie de la Cinquantaine peut grignoter plus d'années que prévu. Le temps de récupérer sa raison, on a atteint une autre décennie.

Kimberley, soixante et un ans, et Steven, soixante-sept, en sont un excellent exemple. Kimberley avait été actrice, mais elle avait abandonné sa carrière pour élever ses enfants. Steven, un ancien skieur olympique, était devenu professeur de ski à Aspen. Nous ne savions pas en détail de quelle nature était leur relation. Steven était un vieil ami de Kitty, et quand il lui avait demandé s'il pouvait séjourner chez elle, elle avait accepté. Elle pensait que, peut-être, il finirait par s'intéresser à elle, mais il a rappelé pour savoir s'il pouvait venir avec une amie.

– C'est sa copine ? ai-je demandé. Pourquoi l'amène-t-il chez toi ?

– Aucune idée, a répondu Kitty.

Ils sont arrivés avec plusieurs bagages qu'ils ont déposés dans la même chambre. Comme beaucoup de super-seniors, ils étaient obsédés par leur santé. Après avoir défait leurs sacs, ils ont descendu des boîtes de vitamines et de décoctions qui devaient être conservées au réfrigérateur.

Ils sont remontés enfiler leurs maillots de bain et sont aussitôt sortis dans le jardin.

Ils avaient des corps typiques : grâce à leurs dix à douze heures de sport hebdomadaires, ils étaient en bien meilleure forme physique que n'importe qui, à n'importe quel âge. Et ils le savaient. Ça ne les dérangeait pas le moins du monde de parader en dévoilant leurs silhouettes de sexagénaires, vêtus de quelques minuscules bouts de tissu.

Ils ont continué un moment, jusqu'à ce qu'ils repèrent les planches de paddle. Lorsqu'un super-senior voit une planche de quelque chose, surf, body-board, peu importe, il ne peut pas se retenir de monter dessus. Alors naturellement, ils ont filé à la plage, plongé, nagé autour des paddles avant d'y grimper d'un bond.

Quand je les ai vus revenir en pagayant une demi-heure plus tard, j'ai obligé Kitty à venir me rejoindre sur la plage.

– Je les hais, a dit Kitty.

– Moi aussi. Mais il faut que nous soyons aimables, ou bien c'est nous qui aurons l'air bizarres.

À leur retour, j'ai voulu bavarder avec Kimberley. Je lui ai demandé comment s'était passée sa balade.

– C'était si beau. Tellement zen.

Elle m'a examinée de la tête aux pieds.

– Tu devrais t'y mettre.

Je lui ai souri. J'aurais voulu lui dire que j'avais essayé, mais que je n'avais pas trouvé l'expérience très zen. Et Kitty non plus.

J'ai compris soudain qu'il pouvait se révéler difficile de communiquer avec ces super-seniors. Ils ne parlaient que de vitamines, de zen, de fitness, et c'était un langage que ni Kitty ni moi ne comprenions. Mais j'ai fini par trouver un sujet de conversation avec Kimberley. Elle avait breveté une invention !

Elle n'était pas la première super-senior de ma connaissance à avoir récemment inventé quelque chose. Une autre avait créé un filtre pour écran de téléphone. Une autre encore, la composition d'un tissu d'un nouveau genre. Kimberley avait inventé une machine à éliminer la cellulite. Beaucoup de gens la réclamaient, et il lui fallait trouver le moyen de la faire fabriquer. Elle revenait justement d'un voyage en Chine.

La première nuit là-bas, elle s'était effondrée en pleurs dans sa chambre d'hôtel. Elle avait peur d'être incapable d'aller jusqu'au bout. Peur de ne pas être à la hauteur. Elle avait téléphoné à son fils.

– Tu vas y arriver, maman. Nous, on le sait. On croit en toi.

Elle avait raccroché et elle avait foncé. C'était son projet, et pendant les dix jours qu'elle avait passés en Chine, elle avait travaillé jour et nuit pour le mener à bien. À présent, elle avait enfin un week-end de liberté et elle voulait se détendre.

J'ai orienté la conversation vers Steven. Étaient-ils ensemble ?

La réponse était compliquée. Steven était encore marié, mais il ne vivait plus avec sa femme, qui habitait

Denver. Il avait proposé à Kimberley de l'accompagner pour le week-end et elle avait accepté. Ils étaient amis depuis les années 1980. C'était un « type formidable » et elle l'avait toujours « beaucoup apprécié ».

Dans la cuisine, Steven et Kimberley sont venus prendre une nouvelle dose de vitamines. Ils nous ont entretenues des mérites de la vitamine B12, puis ont suggéré que nous en prenions tous une capsule. Kitty et moi avons poliment refusé, et Kimberley a ajouté que c'était peut-être plus sage, puisque nous pouvions faire partie des cinq pour cent de la population à y être allergiques. Dans ce cas, nous gonflerions comme des ballons. Après nous avoir assuré qu'il ne fallait pas nous inquiéter pour eux, ils sont remontés dans leur chambre.

Le temps a passé. Au bout d'un moment, Kitty et moi sommes devenues curieuses.

— Quel genre d'invités s'enferment dans leur chambre en plein milieu de l'après-midi ? a demandé Kitty.

— Ils sont peut-être en train de faire l'amour ?

Je suis montée pour essayer de le savoir.

En suivant le couloir à pas de loup, j'ai entendu de la musique et des gloussements. Leur porte était légèrement entrouverte, sans doute parce qu'elle ne fermait qu'en la tirant fermement.

J'ai jeté un coup d'œil à l'intérieur. Pendant une fraction de seconde, je les ai vus allongés sur le lit en maillot de bain, riant de tout leur cœur à propos de quelque chose qui a cessé d'être drôle lorsqu'ils m'ont aperçue.

— Hello ? a dit Kimberley.

— Entre donc, a dit Steven en s'asseyant.

— Oui ? a demandé Kimberley.

– Euh…

J'ai posé la question qui m'est venue à l'esprit.

– Vous voulez du pop-corn ?

– Du pop-corn ? a répété Kimberley en regardant Steven. J'en ai tellement marre du pop-corn. Non, je n'en veux plus !

Et ils ont éclaté de rire ensemble.

– Et toi, tu es qui, au fait ? La surveillante principale ? a ajouté Steven, ce qui les a fait rire encore plus fort.

J'étais l'ado boutonneuse qui vient de surprendre la chef des pom-pom girls au lit avec le quart-arrière de l'équipe de foot du lycée. En courant me réfugier dans la cuisine, je me demandais si ces nouvelles relations amoureuses de la maturité n'allaient pas finalement ressembler à celles du lycée.

Ce cycle de choix du conjoint puis de la rupture qui s'ensuivait allait-il donc durer éternellement ?

Un peu plus tard, j'ai posé la question à Queenie.

– Si vous veniez à rompre, ton fiancé et toi, est-ce que tu chercherais quelqu'un d'autre ?

– Oh oui, m'a-t-elle répondu.

– Et si tu avais soixante ans ?

– Pareil.

– Et soixante-dix ?

– Bien sûr.

– Quatre-vingts ?

– Pourquoi pas ?

Queenie m'a parlé d'une amie commune qui venait de rencontrer son nouvel amoureux à quatre-vingt-trois ans.

Pourquoi pas ? Au-delà de la cinquantaine, et bien au-delà, on ne recherche plus un partenaire avec qui construire sa vie. La vie est déjà construite, avec des enfants, des ex-conjoints, des parents et une carrière. On recherche un partenaire avec qui rendre la vie plus belle. Cela me rappelait la définition que nous avions concoctée autrefois, entre vingt et trente ans : « Une histoire d'amour doit être la cerise sur le gâteau de notre vie, pas le gâteau tout entier. »

Et c'était enfin devenu possible.

– Et toi ? m'a demandé Queenie. Si tu rompais avec MNJ, tu chercherais quelqu'un d'autre ?

Je ne connaissais pas la réponse à cette question. Mais Marilyn, si.

Marilyn avait décidé que son Nouveau Jules et elle allaient se marier. Il ne lui avait pas encore fait sa demande, mais elle savait que ça ne tarderait pas. Ils partaient en vacances en Italie tous les deux, et il avait là-bas un ami joaillier. Il avait dit qu'il voulait lui offrir une bague.

Selon la coutume bien établie dans le monde des femmes, Marilyn avait déjà tout organisé pour la cérémonie.

Ils se marieraient sur la plage où ils aimaient se promener. Le repas de noces serait servi au golf miniature voisin. Le club disposait d'un restaurant à l'ancienne qui servait des petits-déjeuners à toute heure du jour : les invités pourraient se régaler de pancakes et de bacon, de gaufres, de saucisses, de vrai sirop d'érable, de toasts et d'œufs Bénédicte servis avec une sauce hollandaise bien crémeuse.

J'étais sûre que nous serions toutes demoiselles d'honneur : moi, Sassy, Kitty, et sans doute encore une demi-douzaine d'autres. Marilyn avait un large réseau d'amies, qui toutes l'adoraient et auraient fait n'importe quoi pour elle. J'ai suggéré que le cortège aille à pied de la plage au golf miniature. Ce n'était qu'à deux kilomètres, et la marche nous permettrait de méditer sur les milliers de calories que nous allions engranger pendant le petit-déjeuner.

Sassy se demandait si nous devrions toutes porter des chapeaux. Elle voulait en porter un, mais elle ne comptait pas marcher sur la plage.

Kitty non plus, même si elle avait déjà résolu de ne pas toucher aux plats et de se contenter d'un café. Est-ce que c'était vraiment idiot de nous habiller en demoiselles d'honneur ? Nous avons décidé de faire ce qui nous plaisait. Pourquoi se soucier de ce que pensaient les autres ?

Marilyn a annoncé qu'elle souhaitait que l'une d'entre nous jette des pétales de roses sur la plage.

La simple idée de ce mariage avait un parfum de triomphe. Triomphe sur l'impossible, devenu possible. Triomphe du progrès sur le déclin. Triomphe de la personnalité, de la passion et de la confiance sur l'âge, sur la Crise de la Cinquantaine et sur toutes les épreuves de la vie.

Pour nous, le mariage de Marilyn était la preuve que parfois, comme au cinéma, on peut avoir son *happy end*. Et de toutes les personnes que je connaissais, c'était Marilyn qui le méritait le plus.

Mais dans la vie, ça ne se passe pas toujours ainsi.

10

La tristesse de la cinquantaine
L'histoire de Marilyn

L'année précédente, à la fin de cet hiver où nous avions toutes traversé notre Crise de Folie de la Cinquantaine, nous avions eu très peur pour notre avenir. Marilyn, elle, était montée un cran au-dessus : elle s'était tranché les veines. Même si elle les avait tailladées verticalement et non pas horizontalement – elle avait vérifié la différence sur Internet, m'a-t-elle expliqué plus tard –, elle avait survécu. Elle avait perdu du sang pendant deux heures, puis elle était montée dans sa voiture pour aller aux urgences de la clinique à huit cents mètres de chez elle. Elle avait été transportée rapidement à l'hôpital de Southampton, d'où elle avait pu passer quelques coups de fil, avant son transfert à l'hôpital régional de Long Island.

Elle m'appelait un jour sur deux pour me donner de ses nouvelles. C'était sinistre. Quoi qu'il arrive, disait-elle, jamais elle ne recommencerait. Jamais.

Ils l'ont enfin laissée sortir dix jours plus tard. Son frère est venu d'Australie pour la ramener avec lui à Sydney. Et c'est là que Marilyn a enfin obtenu un diagnostic : elle était bipolaire.

C'était logique. Son père aussi l'était. Pourtant, Marilyn

n'a pas accepté le diagnostic tout de suite. En l'entendant de la bouche du médecin, m'a-t-elle raconté, elle avait pleuré. Elle refusait d'y croire. Elle ne voulait pas être ce genre de personne. Et elle avait honte.

Mais le médecin lui avait expliqué que c'était une maladie comme une autre, comme le diabète, par exemple. Des tas de gens étaient atteints de diabète et vivaient très bien en suivant régulièrement leur traitement.

Marilyn s'est engagée à changer de vie. Elle a cessé de boire et s'est mise au sport. Elle a vu son psychiatre régulièrement. Elle était en meilleure forme qu'elle ne l'avait été depuis des années.

Et elle a rénové sa maison, devenue une ravissante propriété toute blanche, en haut d'une colline, avec une porte d'entrée violette. Violette, c'était sa fleur préférée, ainsi que le nom de sa grand-mère et de son ancienne chienne.

Son jardin était magnifique. Elle y avait travaillé trois ans, dont une année pour le paillage. Au début, je l'avais accompagnée au cours de jardinage qu'elle suivait religieusement tous les dimanches matin à dix heures, comme d'autres vont à la messe. J'ai laissé tomber après une conférence de soixante minutes sur la meilleure façon d'arroser les plantes, pendant laquelle j'ai cru crever d'ennui, mais Marilyn s'est accrochée et ses efforts ont porté leurs fruits. Elle et sa demeure revenaient de loin.

Et nous pouvions nous parler de nouveau. En particulier de cet été de Crise de Folie de la Cinquantaine, lorsque nous nous étions si violemment disputées. Elle l'ignorait à l'époque, mais elle souffrait déjà de troubles bipolaires.

Était-elle vraiment sûre de vouloir se marier ? lui

ai-je demandé. Pourquoi le faire quand ce n'était pas
nécessaire ?

– Parce que je l'ai enfin trouvé, m'a-t-elle répondu.
Mon homme.

Marilyn et son Nouveau Jules sont partis pour l'Italie.
À leur retour, elle portait un anneau d'or serti de deux
diamants, même si elle a insisté sur le fait qu'ils n'étaient
pas officiellement fiancés. Trois mois se sont écoulés.
Trois mois pendant lesquels Marilyn semblait très heureuse. De l'avis général, elle n'avait jamais été aussi bien.
Elle travaillait, elle était en grande forme. Pendant les
dîners et les soirées que nous fréquentions parfois tous
les quatre, en compagnie de MNJ, elle regardait son
Nouveau Jules avec adoration.

Au bout d'un moment, pourtant, comme c'est souvent le
cas lorsqu'un nouveau venu s'installe dans notre vie, je l'ai
vue moins souvent. Je n'étais pas la seule dans ce cas parmi
notre groupe d'amies : Marilyn était très occupée. Elle avait
décidé de louer sa maison sur Airbnb pendant les week-
ends d'été et consacrait son temps libre à la réagencer.

Deux semaines après le Memorial Day, alors que nous
bavardions, Sassy, Kitty et moi, nous avons découvert
que personne n'avait de nouvelles de Marilyn depuis
plusieurs jours. J'ai tout de suite pensé qu'elle était
malade. La veille, elle avait annulé à la dernière minute
notre déjeuner entre filles en disant qu'elle ne se sentait
pas bien.

Nous avons essayé de la joindre, sans succès. Deux
minutes plus tard, nous avons reçu un SMS : sa mutuelle

de santé avait été résiliée. En connaissions-nous une bonne ?

Ce n'était pas la première fois que Marilyn avait ce genre de problème. Au cours des années, en tant que femme célibataire et travailleuse indépendante, elle avait connu des hauts et des bas financiers et un certain nombre de petits soucis de santé. Sassy lui a envoyé les coordonnées de sa mutuelle.

Un jour est passé. Marilyn nous a informées que finalement son Nouveau Jules allait l'aider à en trouver une autre : nous n'avions pas à nous faire de souci.

Nous étions quand même inquiètes. Mais cette fois, nous disions-nous, Marilyn n'était plus seule chez elle pour affronter les moments difficiles. Elle habitait chez son Nouveau Jules.

Nous en étions certaines parce que sa voiture était garée devant chez lui. Je passais par là tous les jours en allant à la plage, cette même plage où Marilyn espérait se marier.

Ce samedi-là, quand j'ai aperçu sa voiture, j'ai pensé m'arrêter, mais j'ai eu peur d'être importune. Je ne voulais pas faire irruption chez son fiancé quand il était là.

Le dimanche en fin d'après-midi, la voiture de Marilyn n'était plus là. J'ai pensé que ses locataires étaient partis et qu'elle était rentrée chez elle. Je l'ai appelée, mais je suis tombée sur le répondeur.

En allant me coucher, j'ai encore essayé de la joindre. Son répondeur était saturé. C'était bizarre. Marilyn écoutait régulièrement sa messagerie. J'ai décidé de passer la voir le lendemain matin.

Je n'y suis jamais allée. Ce qui m'en a empêchée, c'est

un étrange concours de circonstances que je suis incapable d'expliquer, même aujourd'hui.

Réveillée tard, j'ai décidé de faire quelques courses en
ville et puis, comme il faisait beau, d'aller à vélo jusque
chez Marilyn. J'ai signé quelques chèques pour payer
des factures, timbré les enveloppes et mis le tout dans
la pochette zippée qui me sert à ranger mon téléphone
et mon portefeuille sur mon vélo. Je me suis d'abord
arrêtée à la banque. J'ai pris mon portefeuille et glissé
ma carte dans le distributeur de billets.

Problème.

« Transaction refusée. »

Je me suis précipitée à l'intérieur pour questionner
un employé.

– Qu'est-ce qui se passe ? Ma carte ne fonctionne plus.

– C'est sans doute la machine, m'a-t-il dit en soupirant.

Ce n'était pas le cas. Nous avons essayé tous les distributeurs, puis le caissier a tenté l'opération de son
ordinateur, sans résultat. Finalement, il m'a donné des
espèces en notant la transaction manuellement.

J'ai quitté la banque assez soucieuse.

– Salut ! Candace ! Comment tu vas ? m'a crié un
jeune inconnu.

Troublée – qui était-il et comment connaissait-il mon
nom ? –, j'ai bredouillé une réponse.

– J'ai reconnu ton vélo.

Ah oui, c'était le vendeur du magasin de vélos.

– Beau temps pour faire un tour, a-t-il ajouté.

– Superbe.

Mon humeur s'est éclaircie. L'incident à la banque
n'était qu'un minuscule désagrément dans ce qui s'an-

nonçait être une belle journée, ai-je décidé. J'irais à la poste, puis chez Marilyn.

Mais en approchant de mon vélo, j'ai vu que quelque chose clochait : la fermeture Éclair de la pochette était ouverte. Je ne l'avais pas laissée comme ça. Ce n'était vraiment pas mon style. Mais, trop préoccupée, je n'avais peut-être pas fait attention ? J'ai soulevé le rabat et mon cœur s'est serré. La pochette était vide. Ou, plus exactement, les lettres timbrées avaient disparu. Mon téléphone était toujours là.

On m'avait volée ? Mais pourquoi alors n'avait-on pas pris mon téléphone ? Je suis allée vers le jeune agent qui surveillait le carrefour. Rougeaud, à peine adulte.

– Excusez-moi, auriez-vous vu quelqu'un tourner autour de ce vélo orange, là-bas ?

Il a jeté un coup d'œil.

– Non.

– Vous êtes sûr ?

– Oui.

– Parce que je crois qu'on m'a volée.

Du coup, il m'a accordé son attention. Il est venu avec moi en saisissant l'interphone accroché à son épaule pour le rapprocher de sa bouche, comme s'il était prêt à déclarer le délit.

– Qu'est-ce qu'on vous a volé ?

– Du courrier.

– Du courrier ?

– Des factures.

Il a lâché son interphone.

– Et pourquoi est-ce qu'on vous volerait vos factures ?

– Ce n'étaient pas seulement des factures, c'étaient

des chèques, ai-je bafouillé. Vous voyez, pour payer les factures ? Et les lettres étaient timbrées.

– Et pourquoi quelqu'un irait prendre ça ?

Je voyais la situation de son point de vue : une femme d'un certain âge sur un vélo orange, des cheveux fatigués, un gilet réfléchissant vert fluo, qui affirmait qu'on lui avait volé ses factures.

Peut-être pas si crédible, finalement.

– Après tout, je les ai peut-être oubliées chez moi, ai-je murmuré en m'éloignant prudemment.

Je suis repartie à toute vitesse vers la maison, tout en réfléchissant, essoufflée, à cette bizarre série d'événements. Ils paraissaient connectés par un champ de force instable et chaotique. J'ai eu un choc en me souvenant que j'avais déjà éprouvé cette impression déstabilisante, le jour où Tucco était mort.

Je suis rentrée chez moi, j'ai jeté mon vélo par terre et vérifié mon téléphone. J'avais un appel de Stacey, une amie de Marilyn qui vivait à Miami. Pourquoi Stacey m'appelle-t-elle ? ai-je pensé.

Puis j'ai eu la réponse.

Marilyn s'était tuée dans la nuit, tard le dimanche soir ou tôt le lundi matin. Elle n'avait pas laissé de lettre, mais elle avait rédigé un testament.

Elle voulait être incinérée.

Et c'était tout. Pas de cérémonie. Rien. Rien qu'une urne pleine de cendres.

Durant les premiers jours, les plus proches amis de Marilyn et sa famille sont arrivés et nous nous sommes réunis pour évoquer son souvenir. C'était étrange et bouleversant. Quand tout le monde est reparti, il n'est plus resté que Sassy, Kitty et moi, et parfois Queenie. Nous ressentions la disparition de Marilyn partout et en permanence, surtout dans les choses les plus banales du quotidien. Comme le répétait Kitty, il était impossible de croire que Marilyn n'allait pas franchir le seuil, son ordinateur portable sous le bras, son grand cabas de cuir avec ses dossiers à l'épaule. Marilyn s'était installée à la campagne, mais il restait quelque chose en elle de la citadine qui trimballait toute sa vie avec elle.

Nous nous sentions prisonnières de notre chagrin, piégées sous un lourd nuage qui refusait de s'éloigner. Nous ne pouvions plus bouger. Nous ne pouvions plus respirer. Nous étions épuisées. Nous errions d'une maison à l'autre pour nous asseoir autour de la table de la cuisine et regarder dans le vide.

Nous nous demandions : pourquoi ?

Nous ressassions : Marilyn était amoureuse, elle allait se marier. Elle et son amoureux auraient eu une vie merveilleuse. Tout ce qu'elle faisait lui réussissait. Elle se sentait si bien. Elle se sentait peut-être tellement bien qu'elle avait cessé de prendre ses médicaments ? C'était la seule explication imaginable.

Le bilan de ce mois-là a été très lourd en disparitions et en suicides, en particulier ceux de femmes cinquantenaires, telle Marilyn, à qui tout semblait sourire. Mais les apparences étaient trompeuses. Toutes affrontaient des difficultés financières, ou des problèmes relationnels, ou des soucis de santé. Mais surtout, le sentiment général qu'éprouvaient ces femmes, c'était la peur. La terreur face à un avenir inconnu.

La peur d'être une ratée. De ne plus jamais être aimée. La peur d'être profondément seule, sans personne pour se soucier de vous. Les choses n'iraient pas en s'améliorant. Le seul avenir, c'était une vie qui se traîne, sans rien offrir de nouveau.

Telles étaient les angoisses qui nous glaçaient jusqu'aux os, comme le froid humide de cet hiver interminable. Nous n'avons pas cessé de nous inquiéter, pour nous et pour les autres. Quand vous êtes une femme célibataire et sans enfant comme l'était Marilyn, tout le monde se demande ce que vous allez devenir. Vous commencez donc à vous poser la question vous-même. Car pour vous, rien n'est écrit.

Le temps s'est écoulé, et même si nous ne parlions plus de Marilyn tous les jours, je ne pouvais pas m'empêcher de penser à elle. En allant à la plage, je passais devant la maison de son fiancé et je me remémorais ce dernier week-end ; comment l'avait-elle vécu ?

Parfois, mon chemin me menait jusque chez elle, et c'était toujours un choc. Sa petite voiture blanche était garée à sa place habituelle, et c'était impossible de ne pas imaginer Marilyn installée sur son canapé, devant sa grande table basse, travaillant sur son ordinateur, avec son téléphone à portée de main.

À d'autres moments, je faisais comme si elle était là. Je me disais qu'elle s'était absentée pour quelques mois, qu'elle n'allait pas tarder à rentrer, et je pensais à tout ce que j'aurais à lui raconter. Par exemple, que MNJ et moi, nous étions toujours ensemble. Que Tilda Tia avait arrêté de chercher l'amour en ligne pour se consacrer exclusivement à sa carrière, mais qu'elle gardait l'espoir de rencontrer un jour l'homme idéal. Et que Sassy avait acheté une nouvelle maison dans notre rue préférée du Village.

Elle a vue sur la mer et fait face à la propriété de Kitty, juste de l'autre côté de la baie.

Nous parlons souvent de faire du paddle, même si nous savons que ça n'arrivera jamais parce que Sassy déteste se mettre en maillot de bain et que Kitty refuse de faire du sport.

Et puis un jour, je suis passée devant chez Marilyn et sa voiture n'était plus là.

Et voilà, ai-je pensé tristement, c'est fini.

Mais ce n'était pas fini.

Sassy et moi avions gardé une partie des cendres de Marilyn.

Le frère de Marilyn les avait remises à son fiancé, et il les avait partagées avec nous. Elles étaient rangées dans des boîtes en plastique transparent que Marilyn, organisatrice-née, avait offertes à son fiancé quand elle rangeait sa maison pour la louer : « Tiens, avait-elle dit, tu pourras en avoir besoin un jour. »

Maintenant, les boîtes et leur contenu attendaient dans une urne en métal argenté, dans l'entrée de Sassy. Les cendres étaient gris sombre, avec des grains plus clairs qui pouvaient être des os. Sassy passait devant tous les jours.

Au moins une fois par semaine, elle m'appelait.

– Il faut qu'on le fasse !

Et donc, par une journée de fin septembre illuminée par un ciel que Sassy qualifiait de bleu marine, une journée que Marilyn aurait espérée pour son mariage, au lieu de jeter des pétales de roses, nous allions répandre ses cendres.

Du moins, c'est ce que nous avions pensé.

Tilda Tia est venue chez moi. À sa question, « comment vas-tu ? » j'ai répondu « bien », même si Marilyn était la deuxième personne importante que je perdais en six mois. La première, c'était mon père.

Bien sûr, je n'étais pas la seule. Deux mois plus tôt, Tilda Tia avait vu mourir d'un cancer une de ses amies d'enfance. Elle avait tenu la main de son amie jusqu'au bout et l'avait vue s'en aller. Nous sommes tombées dans les bras l'une de l'autre.

Parce que c'est une des choses qu'on apprend pendant cette période de crise de la maturité : accepter le deuil et aller de l'avant.

Nous sommes allées à pied jusque chez Sassy, où nous avons retrouvé Kitty, qui venait de découvrir qu'elle allait être grand-mère, et Queenie, dont la fille était partie pour l'université. Nous avons parlé de Marilyn, que nous aurions tant souhaité avoir avec nous. Elle aurait adoré voir ses amies réunies. Et maintenant, en partie grâce à elle, nous étions toutes voisines.

Nous avons marché jusqu'au bout du ponton où Marilyn avait débarqué dans le Village, trois ans plus tôt. Sassy et moi portions chacune une boîte de cendres. L'idée de départ, c'était que nous en lancerions chacune une poignée. Puis, lorsque les cendres seraient dispersées, nous allumerions des cierges magiques.

Ça ne s'est pas passé comme prévu. Les cendres de Marilyn s'étaient incrustées dans les bords des couvercles et gênaient l'ouverture des boîtes. Il n'y avait aucun moyen d'agir en douceur.

Nous sommes restées là un moment, ne sachant que

faire. C'était bien le genre de Marilyn, avons-nous pensé. Sassy a fait remarquer qu'elle avait toujours eu un côté têtu. Elle faisait généralement le contraire de ce que tout le monde lui recommandait de faire. Et c'était d'ailleurs un trait de caractère que nous avions toutes en commun.

– C'est un signe, a dit Queenie. Elle ne veut pas s'en aller.

Nous avons rapporté les boîtes à la maison.

J'étais soulagée. Dès le départ, l'idée d'éparpiller ses cendres m'avait dérangée.

Une semaine plus tôt, j'avais rencontré le fiancé de Marilyn sur la plage. Il avait reçu le rapport de toxicologie : Marilyn n'avait jamais cessé de prendre consciencieusement ses médicaments. Elle avait fait tout ce qu'il fallait, et cela n'avait pas suffi. Jamais nous ne pourrions comprendre les raisons de sa mort.

Mais ce n'était pas le seul mystère. La disparition des factures ce jour-là n'avait pas été expliquée. Quelqu'un d'autre que moi les avait postées car, les jours suivants, j'ai reçu des appels furieux de mes créditeurs au sujet des chèques sur lesquels j'avais, bien entendu, fait opposition.

Je ne pouvais m'empêcher de me demander si, d'une façon ou d'une autre, Marilyn, ou son esprit, n'était pas complice ?

Et tandis que nous étions réunies une fois de plus autour de la table de la cuisine, j'ai compris que nous avions au moins toutes la même certitude.

Maintenant, plus que jamais, nous devions être là les unes pour les autres. Et nous le serions.

Épilogue

Ils furent heureux jusqu'à la fin des temps,
et si c'était possible ?

L'inévitable est arrivé. Le temps a passé. Tout à coup, il y avait presque un an et demi que MNJ et moi étions ensemble. Sans savoir précisément quand ni comment, nous avions adopté une vie de couple.

Nous ne vivions pas vraiment ensemble, mais nous connaissions les emplois du temps de l'autre et faisions des choses à deux, comme sortir avec d'autres couples, voyager ou créer une sorte de famille avec mes chiens Pepper et Prancer en guise d'enfants. Surtout, nous avions mis au point une routine qui nous satisfaisait, une façon d'être l'un près de l'autre dans le même espace. Car c'est bien la définition d'une relation de couple : deux corps qui tournent en orbite l'un autour de l'autre dans l'espace et dans le temps.

Comme les planètes, les humains résistent difficilement à l'attraction qui les pousse l'un vers l'autre. Se retrouver dans la phase de la relation, c'est comme être à l'intérieur d'une série de poupées russes, ou dans l'Enfer de Dante ou, plus modestement, dans un jeu vidéo de Super Mario : dès que vous avez atteint un niveau, vous devez essayer d'atteindre le suivant. En d'autres termes, après un an et demi, je me suis surprise à me demander ce qui se passerait si MNJ et moi envisagions de nous marier, et s'il devenait Mon Nouveau Mari ?

Je ne sais pas pourquoi je posais la question. Ce n'était pas que je n'imaginais pas vieillir avec MNJ, dans un avenir vague et hypothétique, non. C'était simplement qu'à ce moment de notre vie, un projet de mariage ne ferait que nous compliquer la vie.

Pourtant, les mariages tardifs sont dans l'air du temps. En ce moment, quand les gens me demandent sur quoi j'écris, ils ont tous une histoire à me raconter, une histoire unique, m'assurent-ils, telle que je n'en ai jamais entendu. Ils se lancent alors dans un récit complexe à propos de deux personnes qui se retrouvent brusquement seules et qui, au bout de longues années, se découvrent (ou, plus souvent, se redécouvrent), tombent amoureuses et se marient au cours d'une cérémonie réunissant une centaine de leurs amis. Cette histoire n'a rien de neuf, sinon l'âge des participants : ils ont toujours plus de soixante-dix ans. Parfois, ils ont quatre-vingt-trois ans. Parfois quatre-vingt-quatorze. Ces mariages-là sont toujours magnifiques, car il n'y a rien de plus beau que de montrer au monde entier que le vrai amour finit par triompher. Et tout le monde pleure à la fin.

Et un jour, la mouche du mariage a piqué Tilda Tia.

Elle m'a appelée.

– Tu ne devineras jamais ce qui m'arrive.

J'étais déjà au courant par Kitty et Queenie. Depuis un mois, Tilda Tia avait quelqu'un, un vrai MNJ. Il avait un appartement de trois pièces dans l'Upper West Side, un poste dans la finance et, comme c'était un homme gentil, il aidait Tilda Tia à emménager dans son nouvel appartement.

– J'ai rencontré quelqu'un !

– J'en ai entendu parler.

– Non, mais je veux dire, j'ai vraiment rencontré quelqu'un. Et je ne serais pas étonnée d'avoir la bague au doigt l'année prochaine.

– Sérieux ?

– Sérieux. Et quand je dis une bague, je veux dire une alliance. Ma bague de fiançailles, je l'aurai sans doute d'ici six mois.

– Alors comme ça, tu te maries dans un an ?

– Oui. Et pourquoi pas ?

– Avec une grande cérémonie ?

– Évidemment, avec une grande cérémonie ! Quelle question !

– Et des demoiselles d'honneur ?

– Parfaitement. Et elles auront toutes des tenues assorties.

J'ai voulu me représenter la scène, celle de couples dans la maturité se mariant en grande pompe : il y aurait des pistes de danse, de la musique des années 1980 et un super-senior qui tournoierait sur le dos en une figure de *breakdance* oubliée depuis des décennies. On verserait une petite larme en entendant « St. Elmo's Fire » et tous les invités se pointeraient mutuellement du doigt en guinchant. Certes, ce serait un peu gênant, mais si on s'en fichait, ça pouvait être génial.

– Allô ? a dit Tilda Tia. Tu es encore là ?

– Tu vas jouer du Michael Jackson ? Et « St. Elmo's Fire » ?

– « St. Elmo's Fire » ? Et puis quoi, encore ? Au fait, Kitty et moi nous demandions ce que tu voudrais faire pour ton anniversaire.

Mon anniversaire. Un gémissement m'a échappé.

– Un chiffre rond, pas vrai ?

– Mmmmm.

– Tu vas dire aux gens quel âge tu as ? Moi, à ta place, je ne le ferais pas. Tu peux continuer à dire que tu as cinquante-neuf ans. Je connais au moins quatre femmes qui ont fait ça jusqu'à près de soixante-dix ans. Et tout le monde s'en fout. Après un certain âge, plus personne ne fait attention à ça.

Il fallait bien admettre qu'elle avait raison.

L'une des caractéristiques des anniversaires après cinquante ans, c'est que tout le monde oublie les années. Une fois que vous avez franchi ce cap, elles n'ont plus grande importance. C'est sans doute parce qu'à ce stade, vous vous rendez compte qu'il n'y a pas une grande différence entre cinquante-deux et cinquante-huit. Et aussi parce que après cinquante ans, c'est facile de perdre le compte des années qui défilent et de ne plus savoir si vous avez cinquante-deux, cinquante-cinq ou cinquante-huit ans. C'est arrivé à Kitty il y a quelques mois : elle avait cinquante-cinq ans, mais pour elle, ça ne représentait tellement rien qu'elle a oublié de le célébrer. Quant à moi, au cours de la dernière décennie, j'ai apprécié de fêter quelques-uns de mes anniversaires en me contentant de porter un toast à ma santé avec une coupe de champagne. Et ça me suffisait.

Et puis j'ai rencontré MNJ. Et MNJ adore tout organiser. Et c'est ainsi que, trois mois avant mon soixantième anniversaire, MNJ a commencé à me poser des questions : Qu'aimerais-je faire pour le fêter ? M'envoler pour Londres et dîner dans un night-club ? Partir au soleil pour le week-end ? Toutes ses propositions semblaient merveilleuses, mais elles demandaient aussi un certain niveau d'effort. Il faudrait faire ses bagages, aller à l'aéroport, faire la queue à l'enregistrement, peut-être aussi à la douane et, même si je faisais volontiers tout cela pour les autres, je n'avais aucune envie de le faire pour moi. Et surtout pas pour mon anniversaire.

Et puis, je déteste célébrer les dizaines, tout comme je déteste fêter le nouvel an. Ces dates-là sont censées être les plus joyeuses, mais en réalité les fêtes les plus réussies sont toujours celles qui sont improvisées, qui se font complètement par hasard.

À part mes trente ans, mes anniversaires ont été plutôt ratés. Mes quarante et cinquante ans ont été franchement nuls. À la veille du premier, j'avais été larguée par un homme avec qui j'étais depuis six mois : « Je te quitte parce que tu vas avoir quarante ans et que ça te rend complètement névrosée. Je ne peux pas gérer ça. » Pourtant, je trouvais que j'assurais plutôt bien. Cela dit, lorsque ma mère m'a appelée le matin de mes quarante ans, je me suis mise à pleurer.

– J'ai quarante ans, je ne suis pas mariée et je ne le serai jamais.

– Ne prends pas ça au tragique, je t'en prie, avait répondu ma mère. L'âge n'a pas tant d'importance.

Elle avait raison. Il s'est passé un tas de choses dans les années qui ont suivi. Je me suis mariée. J'ai beaucoup travaillé. J'ai installé mon chez-moi. Et j'ai cru que ça durerait toujours.

En réalité, mon quotidien était horriblement routinier et, lorsque j'ai eu cinquante ans, tout ce dont je me souviens, c'est que j'étais épuisée. Tellement épuisée. Je rêvais souvent que j'arrivais dans un immeuble de bureaux où j'avais une réunion et que je m'écroulais devant les ascenseurs. Incapable de me relever.

Puis dix ans ont passé. Pour moi comme pour d'autres, ça a été une décennie de changements, de déménagements, de divorce et de deuils. De redécouverte de vieilles amitiés et d'accession à de nouveaux modes de rencontre. Vers la cinquantaine, nous sommes comme des petits moteurs qui tentent de redémarrer encore et encore, jusqu'à ce que ça marche. On fait ce qu'on peut pour se remettre en piste.

Et c'est bien, au fond. Qui aurait pu prévoir que fêter ses soixante ans serait un peu comme se réveiller d'un mauvais rêve ?

C'était peut-être le moment d'organiser une fête, après tout. Même une petite, entre nous. Et non, je n'allais pas mentir sur mon âge. Cinquante-neuf ans pour toujours ?

Pour quoi faire ?

Lorsque enfin nous nous sommes retrouvés, Kitty, Queenie, Sassy, Tilda Tia, MNJ et moi chez Omar, sur Park Avenue, nous avons levé nos verres à tout ce que nous avions vécu et à tout ce que nous espérions vivre. En regardant autour de moi, j'ai compris une chose : la soixantaine était là, et ce serait un cru exceptionnel.

Remerciements

Merci à Morgan Entrekin, Elisabeth Schmitz, Judy Hottensen, Katie Raissian, Deb Seager, Justina Batchelor, Gretchen Mergenthaler, Julia Berner-Tobin, et à toute l'équipe fabuleuse de Grove Atlantic. Merci aussi à Nicole Dewey et, comme toujours, à Heather Schroder.

Composition : Nord Compo
Impression en mars 2020
Éditions Albin Michel
22, rue Huyghens, 75014 Paris
www.albin.michel.fr
ISBN : 978-2-226-44464-6
N° d'édition : 23680/01
Dépôt légal : avril 2020
Imprimé au Canada chez Marquis imprimeur inc.